Ízletes Vegán Ételek

Kreatív Receptek az Egészséges Növényi Konyhából

Anna Kovács

Tartalom

curryben sült karfiol 11

Currys Garbanzo bab 13

Barna lencse curry 15

Kelkáposzta és paradicsom saláta pestoval 17

Párolt fehér bableves 18

Vegán tofu pakolás 20

Vegán burrito tál chipotle-val 22

Egyszerű vegán fekete bab chili 25

Pirított vöröslencse és indiai paradicsom 27

Levantei csicseriborsó-borsó saláta 30

Sárgarépa és kardamom leves 32

Karfiol és basmati pilaf rizs 34

Vegán káposztasaláta impressziós recept 36

Avokádókrémes tészta 38

Quorn vegán saláta 40

Vegán makaróni és sajt 41

Mexikói angyalhaj tésztaleves 43

vegán pizza 45

Eper és citrus saláta kelkáposztával 47

Tofu rántva 49

Rántott spenót 51

Pirított vízitorma 53

Kelkáposzta rántjuk 55

Rántott bok choy 57

Rántott Choy Sum 59

Rántott brokkoli 60

Vegán töltött kérges pizza 62

Vegán Alfredo szósz 63

Avokádó saláta szendvics 65

Vegán Fajitas 67

Saláta fejes salátából és vajas paradicsomból 69

Göndör saláta és mandula 71

Római saláta és kesudió saláta 73

Ice Berg saláta és mogyoró saláta 75

Frisée és diósaláta 77

Saláta fejes salátából és dióból vajjal 79

Római saláta, koktélparadicsom és mandulasaláta 81

Bibb saláta diós és paradicsomos saláta 83

Paradicsom és mandula saláta bostoni salátával 85

Uborka és mandula saláta 87

Cseresznyeparadicsom és makadámdió saláta 89

Vajas saláta cseresznyeparadicsom kesudió saláta 91

Saláta római salátával, koktélparadicsommal és makadámdióval 93

Saláta Jégsaláta Alma és Dió 95

Saláta paradicsom és mandulasaláta 97

Göndör cseresznye és makadámdió saláta 99

Római saláta, szőlő és dió saláta 101

Vajas saláta, koktélparadicsom és thai bazsalikom saláta 102

Saláta mentalevél és kesudió saláta 105

Paradicsomos saláta és mogyoró saláta 106

Vaj Fejsaláta Narancs-mandula saláta 107

Egyszerű saláta paradicsomból és mandulából salátával 108

Romaine saláta saláta paradicsom és mogyoró 109

Saláta Frisee saláta Hagyma és Tárkony 110

Paradicsom saláta mandulával és tárkonnyal 111

Saláta göndör paradicsomból és mogyoróból 112

Frise és cukkinis saláta 113

Saláta római salátával és mogyoróval 114

Paradicsom-mandula saláta jégsalátával 115

Frisée és feta saláta 116

Grillezett spárga zöldpaprika és tök 119

Egyszerű grillezett cukkini és lilahagyma 121

Egyszerű grillezett kukorica és portobello 122

Grillezett pácolt padlizsán és cukkini 123

Grillezett paprika és brokkoli 124

Sült karfiol és kelbimbó 125

Grillezett kukorica és krimini gomba 126

Grillezett padlizsán, cukkini és kukorica 128

Grillezett cukkini és ananász 130

Portobello és grillezett spárga 132

Egyszerű recept grillezett zöldségekhez 134

Grillezett japán padlizsán és shiitake gomba 136

Grillezett japán padlizsán és brokkoli 137

Sült karfiol és kelbimbó 138

Japán grillezett karfiol recept balzsamos mázzal 139

Egyszerű recept grillezett zöldségekhez 140

Grillezett padlizsán és zöldpaprika 141

Grillezett portobello spárga és zöldbab almabor vinaigrette-vel 142

Grillezett bab és portobello gomba 144

Kelbimbó és zöldbab 145

Cukkini és hagyma ranch öntetben 146

Grillezett zöldbab és ananász balzsamos vinaigrette-ben 147

Brokkoli és grillezett padlizsán 149

Brokkoli és grillezett zöldpaprika 151

Grillezett cukkini és sárgarépa 152

Grillezett portobello gomba almabor vinaigrette-vel 153

Sült sárgarépa kelbimbóval 154

Grillezett paszternák és cukkini receptje 155

Grillezett fehérrépa keleti vinaigrette-vel 156

Grillezett sárgarépa, fehérrépa és portobello balzsammázzal 157

Grillezett cukkini és mangó 158

Grillezett bébi kukorica és zöldbab 159

Grillezett articsóka szív és kelbimbó 160

Sült paprika és kelbimbós brokkoli mézes almabormázzal 161

Válogatott grillezett paprika brokkolival Recept 162

Grillezett padlizsán, cukkini, válogatott paprikával 164

Grillezett portobello és lilahagyma 166

Grillezett kukorica és vöröshagyma 167

Grillezett karfiol és spárga 168

Grillezett cukkini Portobello padlizsán és spárga 169

Sült zöldpaprika, brokkoli és spárga receptje 171

Grillezett portobello gomba és cukkini 172

Grillezett spárga, ananász és zöldbab 173

Grillezett zöldbab és padlizsán 174

Grillezett spárga és brokkoli 176

Sült karfiol és kelbimbó 177

Grillezett brokkoli és brokkoli virágok 178

Grillezett cukkini vöröshagyma Broccolini Florets és spárga 179

Grillezett zöldbab, spárga, brokkoli virágok és ananász 182

Grillezett Edamame bab 183

Grillezett okra, cukkini és lilahagyma 184

Grillezett paszternák és cukkini 185

Grillezett paszternák és okra 186

Brokkolis grillezett paszternák Okra és spárga 188

Grillezett fehérrépa és paprika 189

Grillezett karfiol és brokkoli 190

Grillezett fehérrépa és ananász 191

Grillezett paszternák és cukkini 192

Grillezett fehérrépa vöröshagyma és paszternák 193

Grillezett sárgarépa, paszternák és brokkoli 195

Grillezett spárga és brokkoli virágok 196

Grillezett karfiol és bébi kukorica 197

Grillezett articsóka szívek és brokkoli virágok 198

Baba sárgarépa és grillezett padlizsán 199

Grillezett bébi sárgarépa és cukkini 200

Grillezett kukorica, babakukorica és spárga 201

Baba grillezett sárgarépa és articsóka szívek 202

Zöldbab ananásszal és grillezett articsóka szívvel 203

Brokkoli és grillezett bébi sárgarépa 205

Egyszerű grillezett kukorica és karfiol virágok 207

Baba sárgarépa és grillezett paprika 208

Mini grillezett kukorica, articsóka szívek és padlizsán 209

Baba grillezett sárgarépa és lilahagyma 210

Grillezett brokkoli, spárga és portobello gomba 211

Grillezett articsóka szívek 212

Grillezett bébi sárgarépa és gomba 213

Grillezett articsóka szív és spárga 214

Grillezett cukkini 215

Grillezett padlizsán balzsammázzal 216

Roston sült római saláta és paradicsom 217

curryben sült karfiol

ÖSSZETEVŐK

1 fej karfiol, leveleit és szárát eltávolítjuk, majd falatnyi virágokra vágjuk

1/2 nagy sárga hagyma, vékony csíkokra szeletelve

2 evőkanál extra szűz olívaolaj

1/2 csésze fagyasztott borsó

Ízesítő hozzávalók

1/2 evőkanál vörös curry por

1/4 teáskanál törött pirospaprika (opcionális)

Tengeri só és bors ízlés szerint

Melegítse elő a sütőt 400ºF-ra.

Tegye a virágokat egy tálba, és öblítse le hideg víz alatt.

Engedje le a vizet.

Egy tepsit kibélelünk alufóliával.

A tepsire terítjük a karfiolt és a lilahagymát.

Öntsük rá az olívaolajat, és szórjuk rá a fűszeres hozzávalókat.

Alaposan keverje össze a fent említett összetevőket.

45 percig sütjük, egyszer megkeverve.

Olvassz fel 1/2 csésze borsót, amíg a karfiol fő.

45 perc után vegyük ki a karfiol keveréket a sütőből, és adjuk hozzá a borsót.

Mindent összekeverünk és bekenjük olajjal és fűszerekkel.

Currys Garbanzo bab

ÖSSZETEVŐK

2 evőkanál extra szűz olívaolaj

1 közepes vöröshagyma, felkockázva

4 gerezd fokhagyma, felaprítva

2 doboz (15 oz) csicseriborsó, lecsepegtetve

1 doboz 20 oz paradicsomszósz

1 csésze víz

1 evőkanál vörös curry por

1/2 csokor friss koriander, leöblítve, szárát eltávolítva és durvára vágva

A hagymát és a fokhagymát serpenyőben olívaolajon, közepes lángon megpároljuk (körülbelül 4 percet vesz igénybe).

A babot csepegtessük le, és tegyük a serpenyőbe.

Adjuk hozzá a paradicsomszószt, a vizet és a curryport.

Keverjük össze mindent jól összekeverünk.

Hagyjuk közepes lángon párolódni.

Adjuk hozzá a koriandert a serpenyőhöz.

Keverjük és pároljuk, amíg a szósz sűrű konzisztenciát nem kap.

Barna lencse curry

ÖSSZETEVŐK

1 evőkanál extra szűz olívaolaj

3 gerezd fokhagyma, felaprítva

1 közepes vöröshagyma, felkockázva

3 közepes sárgarépa (1/2 font)

1 csésze nyers barna lencse

2 evőkanál forró curry por

15 uncia konzerv paradicsomszósz*

Tengeri só

1/2 csokor friss koriander (elhagyható)

A lencsét egy tepsire terítjük.

Forraljunk fel 3 csésze vizet egy serpenyőben.

Adjuk hozzá a lencsét.

Forraljuk fel és csökkentsük a hőt.

Fedjük le és pároljuk 20 percig, vagy amíg a lencse megpuhul.

A lencsét lecsepegtetjük.

A hagymát, a fokhagymát és a sárgarépát serpenyőben olívaolajon közepes lángon megpároljuk, amíg a hagyma áttetszővé válik.

Adjuk hozzá a curryport és pirítsuk még egy percig.

Adjuk hozzá a lencsét a paradicsomszósszal a serpenyőbe.

Keverjük össze és főzzük körülbelül 5 percig.

Ízesítsük még sóval, ha szükséges.

Díszítsd korianderrel, és tálald rizs, naan kenyér, pita kenyér vagy ropogós kenyér mellé.

Kelkáposzta és paradicsom saláta pestoval

ÖSSZETEVŐK

6 csésze kelkáposzta, apróra vágva

15 oz fehérbab doboz, leöblítve és lecsepegtetve

1 csésze főtt quorn*, apróra vágva

1 csésze szőlő paradicsom, félbevágva

1/2 csésze pesto

1 nagy citrom szeletekre vágva

Egy tálban összekeverjük az összes hozzávalót a pesto és a citrom kivételével

Hozzáadjuk a pestót, és addig keverjük, amíg bevonat nem lesz.

Díszítsük citrommal

Párolt fehér bableves

ÖSSZETEVŐK

2 evőkanál extra szűz olívaolaj

6 gerezd fokhagyma, darálva

1 közepes vöröshagyma, felkockázva

1/2 font sárgarépa, vékonyra szeletelve

4 zellerszár (1/2 csokor) szeletelve

1 font száraz fehér bab, kimagozva, leöblítve és lecsepegtetve

1 egész babérlevél

1 teáskanál szárított rozmaring

1/2 teáskanál szárított kakukkfű

1/2 teáskanál spanyol paprika

Frissen tört paprika (15-20 hajtókar paprikadarálóból)

1 1/2 teáskanál só vagy több ízlés szerint

Tegye a lassú tűzhelybe az olívaolajat, a fokhagymát, a hagymát, a zellert és a sárgarépát.

Tegye a babot, a babérlevelet, a rozmaringot, a kakukkfüvet, a paprikát és a frissen őrölt borsot a lassú tűzhelybe.

Adjunk hozzá 6 csésze vizet a lassú tűzhelyhez, és keverjük össze a hozzávalókat.

Fedjük le és főzzük 8 órán keresztül alacsony vagy magas fokozaton 4 1/2 órán keresztül.

Ha megfőtt, keverjük össze a levest, és törjük össze a babot.

Ízesítsük még tengeri sóval, ha szükséges.

Vegán tofu pakolás

Hozzávalók

½ vörös káposzta, felaprítva

4 púpozott evőkanál tejmentes joghurt

3 evőkanál menta szósz

3 x 200 g-os csomag tofu, mindegyik 15 kockára vágva

2 evőkanál tandoori curry paszta

2 evőkanál olívaolaj

2 vöröshagyma, szeletelve

2 nagy gerezd fokhagyma, szeletelve

8 chapattis

2 lime, szeletekre vágva

Keverje össze a káposztát, a tejmentes joghurtot és a mentaszószt egy tálban.

Sóval, borssal ízesítjük és félretesszük.

Keverjük össze a tofut, a tandoori pasztát és 1 evőkanál olajat.

Egy serpenyőben felforrósítjuk az olajat, és a tofut adagonként aranybarnára sütjük.

Vegye ki a tofut a serpenyőből.

Hozzáadjuk a maradék olajat, megdinszteljük a hagymát és a fokhagymát, és 9 percig főzzük.

Tegye vissza a tofut a serpenyőbe

Viszonteladás.

Összegyűlni

Melegítse újra a chapattis-t a csomagoláson található utasítások szerint.

Mindegyik tetejére tegyen káposztát, tofut és facsarjon ki lime levét.

Vegán burrito tál chipotle-val

Hozzávalók

125 g basmati rizs

1 evőkanál extra szűz olívaolaj

3 gerezd fokhagyma, felaprítva

400 g fekete bab konzerv, lecsepegtetve és leöblítve

1 evőkanál almaecet

1 teáskanál méz

1 evőkanál chipotle paszta

100 g apróra vágott kelkáposzta

1 avokádó félbevágva és felszeletelve

1 közepesen apróra vágott paradicsom

1 kis sárga hagyma apróra vágva

Kiszolgálni (opcionális)

chipotle csípős szósz

koriander levelek

mész ékek

Főzzük meg a rizst a csomagoláson lévő utasítások szerint, és tartsuk melegen.

Egy serpenyőben felforrósítjuk az olajat, hozzáadjuk a fokhagymát, és aranybarnára keverjük.

Adjunk hozzá babot, ecetet, mézet és chipotle-t.

Tengeri sóval ízesítjük

2 percig főzzük.

A kelkáposztát egy percig forraljuk. és engedje le a felesleges nedvességet.

Osszuk el egyenlő arányban a rizst. labdák.

A tetejére babot, kelkáposztát, avokádót, paradicsomot és hagymát teszünk.

Meglocsoljuk csípős szósszal, korianderrel és lime-karikákkal.

Egyszerű vegán fekete bab chili

Hozzávalók

2 evőkanál extra szűz olívaolaj

6 gerezd fokhagyma, apróra vágva

2 nagy vöröshagyma, apróra vágva

3 evőkanál édes paprika vagy édes chili por

3 evőkanál őrölt kömény

Tengeri só, ízlés szerint

3 evőkanál almaecet

2 evőkanál méz

2 doboz (14 uncia) apróra vágott paradicsom

2 doboz (14 uncia) fekete bab, öblítve és lecsepegtetve

Töltelékhez: morzsolt vegán sajt, felszeletelt újhagyma, szeletelt retek, avokádó darabok, édes-tejföl

Az olívaolajat felforrósítjuk, és a fokhagymát és a hagymát puhára pároljuk.

Hozzáadjuk a chili paprikát és a köményt, 3 percig főzzük,

Adjunk hozzá ecetet, mézet, paradicsomot és tengeri sót.

Főzzük még 10 percig.

Adjuk hozzá a babot, és főzzük további 10 percig.

Rizzsel tálaljuk és megszórjuk a feltét hozzávalóival.

Pirított vöröslencse és indiai paradicsom

Hozzávalók

200 g leöblített vöröslencse

2 evőkanál olívaolaj, ha vegán vagy

1 kis vöröshagyma, apróra vágva

4 gerezd fokhagyma, apróra vágva

Csipet kurkuma

½ teáskanál garam masala

koriander, tálaláshoz

1 kis paradicsom apróra vágva

A lencsét 1 liter vízben és egy csipet sóban megfőzzük. 25 percig forraljuk, lefölözzük a buborékokat.

Fedjük le és főzzük 40 percig, még tovább, amíg besűrűsödik.

Melegítsük fel az olajat egy serpenyőben közepes lángon.

A hagymát és a fokhagymát addig pároljuk, amíg a hagyma megpuhul.

Adjuk hozzá a kurkumát és a garam masala-t, és főzzük további percig.

Tegye a lencsét egy tálba, és tegye rá a hagymás keverék felét.

Díszítsük korianderrel és paradicsommal.

Levantei csicseriborsó-borsó saláta

Hozzávalók

½ csésze extra szűz olívaolaj

1 evőkanál garam masala

2 doboz (14 oz) csicseriborsó, lecsepegtetve és leöblítve

½ font zacskó fogyasztásra kész vegyes gabonapehely

½ font fagyasztott borsó

2 citrom meghámozva és kifacsarva

1 nagy csokor petrezselyem, levelei durvára vágva

1 nagy mentalevél, durvára vágva

Fél kiló retek, durvára vágva

1 uborka, apróra vágva

gránátalma mag, tálaláshoz

Melegítse elő a sütőt 392 F-ra.

Adjunk hozzá ¼ csésze olajat a garam masala mellé, és adjunk hozzá egy kis sót.

Egy nagy serpenyőben összekeverjük a csicseriborsóval, és 15 percig főzzük. vagy ropogósra.

Adjuk hozzá a kevert szemeket, a borsót és a citromhéjat.

Keverjük össze, és tegyük vissza a sütőbe körülbelül 10 percre.

Dobd fel fűszernövényekkel, retekkel, uborkával, maradék olajjal és citromlével.

Ízesítsük még több sóval, és díszítsük a gránátalma magokkal.

Sárgarépa és kardamom leves

Hozzávalók

1 nagy vöröshagyma, apróra vágva

4 nagy gerezd fokhagyma, összetörve

1 nagy sárgarépa, apróra vágva

hüvelykujjnyi gyömbérdarabka, meghámozva és apróra vágva

2 evőkanál olívaolaj

Csipet kurkuma

Magok 10 kardamom hüvelyből

1 teáskanál kömény, magvak vagy őrölt

¼ font vöröslencse

1 ¾ csésze világos kókusztej

héja és leve 1 citrom

csipet chili pehely

marék petrezselyem, apróra vágva

Egy serpenyőben olajat hevítünk, és a hagymát, a fokhagymát, a sárgarépát és a gyömbért puhára pároljuk.

Adjuk hozzá a kurkumát, a kardamomot és a köményt.

Főzzük még néhány percig, amíg a fűszerek aromás nem lesznek.

Adjunk hozzá lencsét, kókusztejet, 1 csésze vizet.

Forraljuk fel és pároljuk 15 percig, amíg a lencse megpuhul.

Botmixerrel turmixoljuk, a levest sűrűre turmixoljuk.

Díszítsük citrom héjával és levével.

Sóval, chilivel és fűszernövényekkel ízesítjük.

Tálkákba osztjuk és megszórjuk citromhéjjal.

Karfiol és basmati pilaf rizs

Hozzávalók

1 evőkanál olívaolaj

2 nagy vöröshagyma, szeletelve

1 evőkanál választott curry paszta

½ kiló basmati rizs

¾ font karfiol rózsa

1 kiló csicseriborsó, leöblítjük és lecsepegtetjük

2 csésze zöldségleves

1/8 csésze pirított reszelt mandula

marék apróra vágott koriander

Egy serpenyőben felforrósítjuk az olajat, és közepes lángon 5 percig pirítjuk a hagymát, amíg el nem kezd barnulni.

Adjuk hozzá a curry pasztát és főzzük 1 percig.

Adjuk hozzá a rizst, a karfiolt és a csicseriborsót.

Mindent összekeverünk a bevonáshoz.

Adjuk hozzá a húslevest és jól keverjük össze.

Fedjük le, és pároljuk 12 és fél percig, vagy amíg a rizs és a karfiol megpuhul, és a folyadék mennyisége elfogy.

Adjuk hozzá a mandulát és a koriandert.

Vegán káposztasaláta impressziós recept

ÖSSZETEVŐK

¼ nagy káposzta (375 gramm / 13 uncia), késsel vagy mandolinnal felaprítva

1 nagy sárgarépa, meghámozva és julienne-re vágva

½ közepes fehér hagyma, vékonyra szeletelve

Az öntet hozzávalói

3 evőkanál aquafaba (csicseriborsó főzőfolyadék)

½ csésze repceolaj

1 evőkanál almaecet

2 evőkanál citromlé

2 evőkanál méz

½ teáskanál tengeri só, vagy több ízlés szerint

Keverjük össze a zöldségeket egy tálban.

Turmixgépben adjuk hozzá az aquafabát, és lassan öntsünk bele egy csepp olajat.

Adjuk hozzá a vinaigrette többi hozzávalóját és keverjük össze.

Öntsük ezt a vinaigrettet a zöldségekre, és keverjük össze.

Kóstoljuk meg és sózzuk.

Avokádókrémes tészta

Hozzávalók

2 avokádó, kimagozva és felkockázva

3 gerezd fokhagyma, felaprítva

1/2 citrom leve

1/4 csésze cukrozatlan mandulatej

1/4 csésze víz

Tengeri só, ízlés szerint

Pirospaprika pehely, ízlés szerint

4 koktélparadicsom, felezve a díszítéshez (elhagyható)

2 csésze főtt tészta

Keverje össze az avokádót, a fokhagymát és a citromlevet egy turmixgépben.

Lassan adjuk hozzá a mandulatejet és a vizet a keverékhez.

Adjunk hozzá tengeri sót és pirospaprika pelyhet.

Keverjük össze a főtt tésztával.

Quorn vegán saláta

16 oz. quorn, főtt

2 evőkanál. friss citromlé

1 szár zeller, felkockázva

1/3 csésze darált zöldhagyma

1 csésze vegán majonéz

1 C. angol mustár

Tengeri só és bors, ízlés szerint

Alaposan keverje össze a quorn citromlevet, a zellert és a hagymát.

Adjunk hozzá vegán majonézt és mustárt ehhez a keverékhez.

Tengeri sóval és borssal ízesítjük.

Hűtsük le és tálaljuk.

Vegán makaróni és sajt

Hozzávalók

3 1/2 csésze könyökös makaróni

1/2 csésze vegán margarin

1/2 csésze liszt

3 1/2 csésze forrásban lévő víz

1-2 evőkanál. tengeri só

2 evőkanál. szója szósz

1 1/2 tk. fokhagyma por

Csipet kurkuma

1/4 csésze olívaolaj

1 csésze tápláló élesztőpehely

Spanyol paprika, ízlés szerint

Melegítse elő a sütőt 350 °F-ra.

Főzzük meg a könyökmakarónit a csomagoláson található utasítások szerint.

A tésztát lecsepegtetjük.

Egy serpenyőben a vegán margarint alacsony lángon felolvadásig melegítjük.

Adjuk hozzá és keverjük össze a lisztet.

Folytassa a habverést, és közepes lángon növelje, amíg sima és habos nem lesz.

Adjunk hozzá forrásban lévő vizet, sót, szójaszószt, fokhagymaport és a kurkumát, és keverjük habosra.

Folytassa a habverést, amíg fel nem oldódik.

Ha sűrű és pezseg, keverjük hozzá az olajat és az élesztőpelyhet.

A szósz 3/4-ét összekeverjük a tésztával, és egy tepsibe tesszük.

Felöntjük a szósz maradékával, és fűszerpaprikával ízesítjük.

15 percig sütjük.

Ropogósra grillezzük néhány percig.

Mexikói angyalhaj tésztaleves

5 nagy paradicsom, nagy kockákra vágva

1 közepes vöröshagyma, nagy kockákra vágva

3 gerezd fokhagyma

2 evőkanál. olivaolaj

16 oz. angyalhaj tészta, 1 hüvelykes darabokra vágva

32 uncia zöldségleves

1/2 tk. tengeri só

1/2 evőkanál. fekete bors

2 evőkanál. Oregano

2 evőkanál. kömény

Chili pehely, apróra vágott serrano paprika vagy kockára vágott jalapeño ízlés szerint (elhagyható)

Koriander, szójatejföl és szeletelt avokádó, díszítéshez (elhagyható)

A paradicsomot, a lilahagymát, a fokhagymát és az olajat pürésítjük.

Tegyük át a-ba és főzzük közepes lángon.

Adjuk hozzá a tésztát, a húslevest, a sót, a borsot, az oregánót és a köményt.

Hozzáadjuk a chili pehelyt, a Serrano paprikát.

Főzzük 13 és fél percig, és addig pároljuk, amíg a tészta megpuhul.

Díszítsük korianderrel, szójatejföllel vagy avokádóval.

vegán pizza

Hozzávalók

1 szelet vegán naan (indiai lapos kenyér)

2 evőkanál. paradicsom szósz

1/4 csésze aprított vegán mozzarella (Daiya márka)

1/4 csésze apróra vágott friss gomba

3 vékony szelet paradicsom

2 Quorn vegán húsgombóc, felolvasztva (ha fagyasztott) és apró darabokra vágva

1 C. Vegán parmezán

Csipet szárított bazsalikom

Csipet szárított oregánó

½ tk. tengeri só

Melegítse elő a sütőt 350 °F-ra.

Helyezze a naant egy sütőlapra.

A szószt egyenletesen elkenjük a tetején, és megszórjuk a vegán mozzarella reszelék felével.

Hozzáadjuk a gombát, a paradicsomszeleteket és a vegán húsgombóc darabokat.

Rétegezzük a többi vegán mozzarella reszelékkel.

Enyhén fűszerezzük vegán parmezánnal, bazsalikommal és oregánóval.

25 percig sütjük.

Eper és citrus saláta kelkáposztával

Hozzávalók

1 csokor kelkáposzta, kiszárítva és falatnyi darabokra tépve

1 kg eper, szeletelve

1/4 csésze szeletelt mandula

Az öntet hozzávalói

1 citrom leve

3 evőkanál. extra szűz olívaolaj

1 evőkanál. kedvesem

1/8 tk tengeri só

1/8 tk fehér bors

3-4 evőkanál. narancslé

Egy tálban keverjük össze a kelkáposztát, az epret és a mandulát.

Az öntet összes hozzávalóját összedolgozzuk, és a salátára öntjük.

3-4 adagot készít

Tofu rántva

1 csomag kemény tofu, lecsepegtetve és összetörve

1/2 citrom leve

1/2 tk. só

1/2 tk. Kurkuma

1 evőkanál. extra szűz olívaolaj

1/4 csésze kockára vágott zöld kaliforniai paprika

1/4 csésze kockára vágott vöröshagyma

3 gerezd fokhagyma, felaprítva

1 evőkanál. apróra vágott lapos petrezselyem

1 evőkanál. darab vegán szalonna (elhagyható)

bors, ízlés szerint (elhagyható)

Egy tálban jól összekeverjük a morzsolt tofut, a citromlevet, a sót és a kurkumát.

Közepes lángon felforrósítjuk az olajat, és hozzáadjuk a kaliforniai paprikát, a hagymát és a fokhagymát.

Pároljuk 2 1/2 percig, vagy amíg éppen megpuhul.

Adjuk hozzá a tofu keveréket és főzzük 15 percig.

Díszítsük petrezselyemmel, szójaszalonnával és borssal.

Rántott spenót

1 csomag kemény spenót, leöblítve és lecsepegtetve

1/2 citrom leve

1/2 tk. só

1/2 tk. Kurkuma

1 evőkanál. extra szűz olívaolaj

1/4 csésze kockára vágott zöld kaliforniai paprika

1/4 csésze kockára vágott vöröshagyma

3 gerezd fokhagyma, felaprítva

1 evőkanál. apróra vágott lapos petrezselyem

1 evőkanál. darab vegán szalonna (elhagyható)

bors, ízlés szerint (elhagyható)

Egy tálban jól összekeverjük a spenótot, a citromlevet, a sót és a kurkumát.

Közepes lángon felforrósítjuk az olajat, és hozzáadjuk a kaliforniai paprikát, a hagymát és a fokhagymát.

Pároljuk 2 1/2 percig, vagy amíg éppen megpuhul.

Adjuk hozzá a tofu keveréket és főzzük 15 percig.

Díszítsük petrezselyemmel, szójaszalonnával és borssal.

Pirított vízitorma

1 csomag szilárd vízitorma, leöblítve és lecsepegtetve

1/2 citrom leve

1/2 tk. só

1/2 tk. Kurkuma

1 evőkanál. extra szűz olívaolaj

1/4 csésze kockára vágott zöld kaliforniai paprika

1/4 csésze kockára vágott vöröshagyma

3 gerezd fokhagyma, felaprítva

1 evőkanál. apróra vágott lapos petrezselyem

1 evőkanál. darab vegán szalonna (elhagyható)

bors, ízlés szerint (elhagyható)

Egy tálban jól összekeverjük a vízitormát, a citromlevet, a sót és a kurkumát.

Közepes lángon felforrósítjuk az olajat, és hozzáadjuk a kaliforniai paprikát, a hagymát és a fokhagymát.

Pároljuk 2 1/2 percig, vagy amíg éppen megpuhul.

Adjuk hozzá a tofu keveréket és főzzük 15 percig.

Díszítsük petrezselyemmel, szójaszalonnával és borssal.

Kelkáposzta rántjuk

1 csomag kemény kelkáposzta, leöblítve és lecsepegtetve

1/2 citrom leve

1/2 tk. só

1/2 tk. Kurkuma

1 evőkanál. extra szűz olívaolaj

1/4 csésze kockára vágott zöld kaliforniai paprika

1/4 csésze kockára vágott vöröshagyma

3 gerezd fokhagyma, felaprítva

1 evőkanál. apróra vágott lapos petrezselyem

1 evőkanál. darab vegán szalonna (elhagyható)

bors, ízlés szerint (elhagyható)

Egy tálban jól összekeverjük a kelkáposztát, a citromlevet, a sót és a kurkumát.

Közepes lángon felforrósítjuk az olajat, és hozzáadjuk a kaliforniai paprikát, a hagymát és a fokhagymát.

Pároljuk 2 1/2 percig, vagy amíg éppen megpuhul.

Adjuk hozzá a tofu keveréket és főzzük 15 percig.

Díszítsük petrezselyemmel, szójaszalonnával és borssal.

Rántott bok choy

1 bok choy, leöblítjük és lecsepegtetjük

1/2 tk. só

1/2 tk. Kurkuma

1 evőkanál. extra szűz olívaolaj

1/4 csésze kockára vágott zöld kaliforniai paprika

1/4 csésze kockára vágott vöröshagyma

3 gerezd fokhagyma, felaprítva

1 evőkanál. apróra vágott lapos petrezselyem

1 evőkanál. darab vegán szalonna (elhagyható)

bors, ízlés szerint (elhagyható)

Egy tálban keverjük össze a bok choy-t, és jól fűszerezzük.

Közepes lángon felforrósítjuk az olajat, és hozzáadjuk a kaliforniai paprikát, a hagymát és a fokhagymát.

Pároljuk 2 1/2 percig, vagy amíg éppen megpuhul.

Adjuk hozzá a tofu keveréket és főzzük 15 percig.

Díszítsük petrezselyemmel, szójabaconnel és borssal.

Rántott Choy Sum

1 csokor choy sum, leöblítjük és lecsepegtetjük

1/2 teáskanál tengeri só

1 evőkanál. szezámolaj

1/4 csésze kockára vágott zöld kaliforniai paprika

1/4 csésze kockára vágott vöröshagyma

3 gerezd fokhagyma, felaprítva

1 evőkanál. apróra vágott lapos petrezselyem

1 evőkanál. darab vegán szalonna (elhagyható)

bors, ízlés szerint (elhagyható)

Egy tálban jól összekeverjük a choy summát és a sót.

Közepes lángon felforrósítjuk az olajat, és hozzáadjuk a kaliforniai paprikát, a hagymát és a fokhagymát.

Pároljuk 2 1/2 percig, vagy amíg éppen megpuhul.

Adjuk hozzá a tofu keveréket és főzzük 15 percig.

Díszítsük petrezselyemmel, szójabaconnel és borssal.

Rántott brokkoli

20 db brokkoli, leöblítve, leöblítve és lecsepegtetve

1/2 citrom leve

1/2 tk. só

1/2 tk. Kurkuma

1 evőkanál. extra szűz olívaolaj

1/4 csésze kockára vágott zöld kaliforniai paprika

1/4 csésze kockára vágott vöröshagyma

3 gerezd fokhagyma, felaprítva

1 evőkanál. apróra vágott lapos petrezselyem

1 evőkanál. darab vegán szalonna (elhagyható)

bors, ízlés szerint (elhagyható)

Egy tálban jól összekeverjük a brokkolit, a citromlevet, a sót és a kurkumát.

Közepes lángon felforrósítjuk az olajat, és hozzáadjuk a kaliforniai paprikát, a hagymát és a fokhagymát.

Pároljuk 2 1/2 percig, vagy amíg éppen megpuhul.

Adjuk hozzá a tofu keveréket és főzzük 15 percig.

Díszítsük petrezselyemmel, szójaszalonnával és borssal.

Vegán töltött kérges pizza

Hozzávalók

1 doboz pizzatészta (vagy készítsd el magad)

1 blokk tejmentes vegán mozzarella, csíkokra vágva

1/3 csésze vegán pizzaszósz

1 közepes paradicsom, vékonyra szeletelve

3 friss bazsalikom levél durvára vágva és olívaolajba áztatva

1 evőkanál. extra szűz olívaolaj

Melegítse elő a sütőt 450°-ra.

A pizzatésztát kinyújtjuk a kívánt vastagságúra, és enyhén olajozott és lisztezett tepsire tesszük.

Helyezze a vegán mozzarellát a pizza szélei köré, és a tészta széleit tekerje rá mindegyik csíkra, és nyomja le, hogy egy zseb sajtot készítsen.

A maradék tejmentes mozzarellát lereszeljük.

Kenjük meg a pizzaszósszal a tésztát, és szórjuk meg reszelt vegán sajttal.

Szeletelt paradicsommal és bazsalikomlevéllel díszítjük.

20 percig sütjük, vagy amíg a kéreg aranybarna nem lesz.

Vegán Alfredo szósz

1/4 csésze vegán margarin

3 gerezd fokhagyma, felaprítva

2 csésze főtt fehér bab, leöblítve és lecsepegtetve

1 1/2 csésze cukrozatlan mandulatej

Tengeri só és bors, ízlés szerint

Petrezselyem (opcionális)

A vegán margarint lassú tűzön felolvasztjuk.

Adjuk hozzá a fokhagymát és főzzük 2 és fél percig.

Tegyük át a robotgépbe, adjunk hozzá babot és 1 csésze mandulatejet.

Keverjük simára.

A mártást alacsony lángon a serpenyőbe öntjük, és sóval, borssal ízesítjük.

Adjuk hozzá a petrezselymet.

Forrón főzzük.

Avokádó saláta szendvics

1 15 oz. konzerv csicseriborsó, leöblítve, lecsepegtetve és meghámozva

1 nagy érett avokádó

1/4 csésze apróra vágott friss koriander

2 evőkanál. apróra vágott zöldhagyma

1 lime leve

Tengeri só és bors, ízlés szerint

Választott kenyér

Saláta

Paradicsom

A csicseriborsót és az avokádót villával pépesítjük.

Adjuk hozzá a koriandert, a zöldhagymát és a lime levét, és keverjük össze

Sózzuk, borsozzuk.

Kenje meg kedvenc kenyerére, és tegye a tetejére salátát és paradicsomot

Vegán Fajitas

Hozzávalók

1 doboz sült bab (15 uncia)

1 doboz pinto bab (15 oz), lecsepegtetve és leöblítve

1/4 csésze salsa

1 vöröshagyma csíkokra vágva

1 zöld kaliforniai paprika, csíkokra vágva

2 evőkanál limelé

2 teáskanál Fajita fűszerkeverék (lásd lent)

Tortilla

Fajita fűszerkeverék

1 evőkanál. Kukoricakeményítő

2 teáskanál chili por

1 teáskanál spanyolpaprika

1 teáskanál méz

1/2 teáskanál tengeri só

1/2 teáskanál hagymapor

1/2 teáskanál fokhagyma por

1/2 teáskanál őrölt kömény

1/8 teáskanál cayenne bors

A salsát és a sült babot forróra pároljuk.

Adjuk hozzá és keverjük össze a fajita fűszereket (2 tk hagyjunk hátra), keverjük össze a hozzávalókat egy kis tálban.

A hagymát, a kaliforniai paprikát és a 2 teáskanál fűszerkeveréket vízben és lime levében megdinszteljük

Addig folytatjuk, amíg a folyadék el nem párolog, és a zöldségek barnulni kezdenek.

A babot elrendezzük a tortilla közepén.

Párolt zöldségekkel és feltétekkel rétegezzük.

Feltekerjük és tálaljuk.

Saláta fejes salátából és vajas paradicsomból

Hozzávalók:

8 uncia vegán sajt

6 csésze vajas fejes saláta, 3 csokor, vágva

1/4 európai vagy mag nélküli uborka, hosszában félbevágva, majd vékonyra szeletelve

3 evőkanál apróra vágott vagy apróra vágott metélőhagyma

16 koktélparadicsom

1/2 csésze szeletelt dió

1/4 fehér hagyma, szeletelve

2-3 evőkanál apróra vágott tárkonylevél

Só és bors ízlés szerint

Kötszer

1 kis medvehagyma, darálva

1 evőkanál desztillált fehér ecet

1/4 citrom, leve, kb 2 teáskanál

1/4 csésze extra szűz olívaolaj

Készítmény

Az öntet összes hozzávalóját aprítógépben összedolgozzuk.

Összekeverjük a többi hozzávalóval és jól összedolgozzuk.

Göndör saláta és mandula

Hozzávalók:

8 uncia vegán sajt

6-7 csésze levél saláta, 3 csokor, vágva

1/4 európai vagy mag nélküli uborka, hosszában félbevágva, majd vékonyra szeletelve

3 evőkanál apróra vágott vagy apróra vágott metélőhagyma

16 koktélparadicsom

1/2 csésze szeletelt mandula

1/4 fehér hagyma, szeletelve

2-3 evőkanál apróra vágott tárkonylevél

Só és bors ízlés szerint

Kötszer

1 kis medvehagyma, darálva

1 evőkanál desztillált fehér ecet

1/4 citrom, leve, kb 2 teáskanál

1/4 csésze extra szűz olívaolaj

Készítmény

Az öntet összes hozzávalóját aprítógépben összedolgozzuk.

Összekeverjük a többi hozzávalóval és jól összedolgozzuk.

Római saláta és kesudió saláta

Hozzávalók:

8 uncia vegán sajt

6-7 csésze római saláta, 3 csokor, vágva

1/4 európai vagy mag nélküli uborka, hosszában félbevágva, majd vékonyra szeletelve

3 evőkanál apróra vágott vagy apróra vágott metélőhagyma

16 koktélparadicsom

1/2 csésze szeletelt kesudió

1/4 fehér hagyma, szeletelve

2-3 evőkanál apróra vágott rozmaringlevél

Só és bors ízlés szerint

Kötszer

1 kis medvehagyma, darálva

1 evőkanál desztillált fehér ecet

1/4 citrom, leve, kb 2 teáskanál

1/4 csésze extra szűz olívaolaj

Készítmény

Az öntet összes hozzávalóját aprítógépben összedolgozzuk.

Összekeverjük a többi hozzávalóval és jól összedolgozzuk.

Ice Berg saláta és mogyoró saláta

Hozzávalók:

6-7 csésze jégsaláta, 3 csokor, vágva

1/4 mag nélküli uborka, hosszában félbevágva, majd vékonyra szeletelve

3 evőkanál apróra vágott vagy apróra vágott metélőhagyma

16 kis paradicsom

1/2 csésze földimogyoró

1/4 vidalla hagyma, szeletelve

2-3 evőkanál apróra vágott kakukkfűlevél

Só és bors ízlés szerint

8 uncia vegán sajt

Kötszer

1 kis medvehagyma, darálva

1 evőkanál desztillált fehér ecet

1/4 citrom, leve, kb 2 teáskanál

1/4 csésze extra szűz olívaolaj

½ tk. angol mustár

Készítmény

Az öntet összes hozzávalóját aprítógépben összedolgozzuk.

Összekeverjük a többi hozzávalóval és jól összedolgozzuk.

Frisée és diósaláta

Hozzávalók:

7 csésze levél saláta, 3 csokor, vágva

1/4 uborka, hosszában félbevágva, majd vékonyra szeletelve

3 evőkanál apróra vágott vagy apróra vágott metélőhagyma

16 koktélparadicsom

1/2 csésze apróra vágott dió

1/4 fehér hagyma, szeletelve

2-3 evőkanál apróra vágott tárkonylevél

Só és bors ízlés szerint

8 uncia vegán sajt

Kötszer

1 kis zöldhagyma, felaprítva

1 evőkanál desztillált fehér ecet

1/4 citrom, leve, kb 2 teáskanál

1/4 csésze extra szűz olívaolaj

Készítmény

Az öntet összes hozzávalóját aprítógépben összedolgozzuk.

Összekeverjük a többi hozzávalóval és jól összedolgozzuk.

Saláta fejes salátából és dióból vajjal

Hozzávalók:

6-7 csésze vajas fejes saláta, 3 csokor, vágva

1/4 európai vagy mag nélküli uborka, hosszában félbevágva, majd vékonyra szeletelve

3 evőkanál apróra vágott vagy apróra vágott metélőhagyma

16 koktélparadicsom

1/2 csésze szeletelt dió

1/4 vöröshagyma, szeletelve

2-3 evőkanál apróra vágott tárkonylevél

Só és bors ízlés szerint

8 uncia vegán sajt

Kötszer

1 kis medvehagyma, darálva

1 evőkanál desztillált fehér ecet

1/4 citrom, leve, kb 2 teáskanál

1/4 csésze extra szűz olívaolaj

1 evőkanál. majonéz tojás nélkül

Készítmény

Az öntet összes hozzávalóját aprítógépben összedolgozzuk.

Összekeverjük a többi hozzávalóval és jól összedolgozzuk.

Római saláta, koktélparadicsom és mandulasaláta

Hozzávalók:

6-7 csésze római saláta, 3 csokor, vágva

1/4 európai vagy mag nélküli uborka, hosszában félbevágva, majd vékonyra szeletelve

3 evőkanál apróra vágott vagy apróra vágott metélőhagyma

16 koktélparadicsom

1/2 csésze szeletelt mandula

1/4 fehér hagyma, szeletelve

2 evőkanál. Provence gyógynövényei

Só és bors ízlés szerint

6 uncia vegán sajt

Kötszer

1 kis medvehagyma, darálva

1 evőkanál desztillált fehér ecet

1/4 citrom, leve, kb 2 teáskanál

1/4 csésze extra szűz olívaolaj

Készítmény

Az öntet összes hozzávalóját aprítógépben összedolgozzuk.

Összekeverjük a többi hozzávalóval és jól összedolgozzuk.

Bibb saláta diós és paradicsomos saláta

Hozzávalók:

7 csésze Bibb saláta, 3 csokor, vágva

1/4 európai vagy mag nélküli uborka, hosszában félbevágva, majd vékonyra szeletelve

3 evőkanál apróra vágott vagy apróra vágott metélőhagyma

16 koktélparadicsom

1/2 csésze szeletelt dió

1/4 fehér hagyma, szeletelve

2-3 evőkanál apróra vágott tárkonylevél

Só és bors ízlés szerint

8 uncia vegán sajt

Kötszer

1 kis medvehagyma, darálva

1 evőkanál desztillált fehér ecet

1/4 citrom, leve, kb 2 teáskanál

1/4 csésze extra szűz olívaolaj

Majonéz tojás nélkül

Készítmény

Az öntet összes hozzávalóját aprítógépben összedolgozzuk.

Összekeverjük a többi hozzávalóval és jól összedolgozzuk.

Paradicsom és mandula saláta bostoni salátával

Hozzávalók:

6 csésze bostoni saláta, 3 csokor, vágva

1/4 európai vagy mag nélküli uborka, hosszában félbevágva, majd vékonyra szeletelve

3 evőkanál apróra vágott vagy apróra vágott metélőhagyma

16 koktélparadicsom

1/2 csésze szeletelt mandula

1/4 vöröshagyma, szeletelve

2-3 evőkanál apróra vágott tárkonylevél

Só és bors ízlés szerint

8 uncia vegán sajt

Kötszer

1 kis medvehagyma, darálva

1 evőkanál desztillált fehér ecet

1/4 citrom, leve, kb 2 teáskanál

1/4 csésze extra szűz olívaolaj

1 C. Dijoni mustár

Készítmény

Az öntet összes hozzávalóját aprítógépben összedolgozzuk.

Összekeverjük a többi hozzávalóval és jól összedolgozzuk.

Uborka és mandula saláta

Hozzávalók:

6-7 csésze szársaláta, 3 csokor, vágva

1/4 uborka, hosszában félbevágva, majd vékonyra szeletelve

3 evőkanál apróra vágott vagy apróra vágott metélőhagyma

2 mangó, felkockázva

1/2 csésze szeletelt mandula

1/4 fehér hagyma, szeletelve

2-3 evőkanál apróra vágott tárkonylevél

Só és bors ízlés szerint

8 uncia vegán sajt

Kötszer

1 kis medvehagyma, darálva

1 evőkanál desztillált fehér ecet

1/4 lime, gyümölcslé, kb 2 teáskanál

1/4 csésze extra szűz olívaolaj

1 evőkanál. kedvesem

1 C. angol mustár

Készítmény

Az öntet összes hozzávalóját aprítógépben összedolgozzuk. Összekeverjük a többi hozzávalóval és jól összedolgozzuk.

Cseresznyeparadicsom és makadámdió saláta

Hozzávalók:

7 csésze szársaláta, 3 csokor, vágva

1/4 európai vagy mag nélküli uborka, hosszában félbevágva, majd vékonyra szeletelve

3 evőkanál apróra vágott vagy apróra vágott metélőhagyma

16 koktélparadicsom

1/2 csésze makadámia dió

1/4 vöröshagyma, szeletelve

2-3 evőkanál friss kakukkfű

Só és bors ízlés szerint

8 uncia vegán sajt

Kötszer

1 kis medvehagyma, darálva

1 evőkanál desztillált fehér ecet

1/4 citrom, leve, kb 2 teáskanál

1/4 csésze extra szűz olívaolaj

1 evőkanál. kedvesem

1 C. Dijoni mustár

Készítmény

Az öntet összes hozzávalóját aprítógépben összedolgozzuk.

Összekeverjük a többi hozzávalóval és jól összedolgozzuk.

Vajas saláta cseresznyeparadicsom kesudió saláta

Hozzávalók:

7 csésze vajas fejes saláta, 3 csokor, vágva

1/4 európai vagy mag nélküli uborka, hosszában félbevágva, majd vékonyra szeletelve

3 evőkanál apróra vágott vagy apróra vágott metélőhagyma

15 koktélparadicsom

1/2 csésze kesudió

1/4 fehér hagyma, szeletelve

2-3 evőkanál apróra vágott tárkonylevél

Só és bors ízlés szerint

8 uncia vegán sajt

Kötszer

1 kis medvehagyma, darálva

1 evőkanál desztillált fehér ecet

1/4 citrom, leve, kb 2 teáskanál

1/4 csésze extra szűz olívaolaj

Készítmény

Az öntet összes hozzávalóját aprítógépben összedolgozzuk.

Összekeverjük a többi hozzávalóval és jól összedolgozzuk.

Saláta római salátával, koktélparadicsommal és makadámdióval

Hozzávalók:

6 ½ csésze római saláta, 3 csokor, vágva

1/4 európai vagy mag nélküli uborka, hosszában félbevágva, majd vékonyra szeletelve

3 evőkanál apróra vágott vagy apróra vágott metélőhagyma

16 koktélparadicsom

1/2 csésze makadámia dió

1/4 fehér hagyma, szeletelve

2-3 evőkanál apróra vágott tárkonylevél

Só és bors ízlés szerint

8 uncia vegán sajt

Kötszer

1 kis medvehagyma, darálva

1 evőkanál desztillált fehér ecet

1/4 citrom, leve, kb 2 teáskanál

1/4 csésze extra szűz olívaolaj

Készítmény

Az öntet összes hozzávalóját aprítógépben összedolgozzuk. Összekeverjük a többi hozzávalóval és jól összedolgozzuk.

Saláta Jégsaláta Alma és Dió

Hozzávalók:

8 uncia vegán sajt

6-7 csésze jégsaláta, 3 csokor, vágva

1/4 európai vagy mag nélküli uborka, hosszában félbevágva, majd vékonyra szeletelve

3 evőkanál apróra vágott vagy apróra vágott metélőhagyma

2 alma kimagozva és 2 hüvelykes kockákra vágva

1/2 csésze szeletelt dió

1/4 fehér hagyma, szeletelve

2-3 evőkanál apróra vágott tárkonylevél

Só és bors ízlés szerint

Kötszer

1 kis medvehagyma, darálva

2 evőkanál desztillált fehér ecet

1/4 csésze szezámolaj

1 teáskanál méz

½ tk. majonéz tojás nélkül

Készítmény

Az öntet összes hozzávalóját aprítógépben összedolgozzuk.

Összekeverjük a többi hozzávalóval és jól összedolgozzuk.

Saláta paradicsom és mandulasaláta

Hozzávalók:

8 uncia vegán sajt

7 csésze laza saláta, 3 csokor, vágva

1/4 európai vagy mag nélküli uborka, hosszában félbevágva, majd vékonyra szeletelve

3 evőkanál apróra vágott vagy apróra vágott metélőhagyma

16 koktélparadicsom

1/2 csésze szeletelt mandula

1/4 vöröshagyma, szeletelve

2-3 evőkanál apróra vágott kakukkfű

Só és bors ízlés szerint

Kötszer

1 kis medvehagyma, darálva

1 evőkanál desztillált fehér ecet

1/4 citrom, leve, kb 2 teáskanál

1/4 csésze extra szűz olívaolaj

1 evőkanál. majonéz tojás nélkül

Készítmény

Az öntet összes hozzávalóját aprítógépben összedolgozzuk.

Összekeverjük a többi hozzávalóval és jól összedolgozzuk.

Göndör cseresznye és makadámdió saláta

Hozzávalók:

6-7 csésze levél saláta, 3 csokor, vágva

1/4 európai vagy mag nélküli uborka, hosszában félbevágva, majd vékonyra szeletelve

3 evőkanál apróra vágott vagy apróra vágott metélőhagyma

16 kimagozott cseresznye

1/2 csésze makadámia dió

1/4 vöröshagyma, szeletelve

2-3 evőkanál apróra vágott tárkonylevél

Tengeri só és bors, ízlés szerint

8 uncia vegán sajt

Kötszer

1 evőkanál. metélőhagyma, apróra vágva

1 evőkanál desztillált fehér ecet

1/4 citrom, leve, kb 2 teáskanál

1/4 csésze extra szűz olívaolaj

1 evőkanál. kedvesem

Készítmény

Az öntet összes hozzávalóját aprítógépben összedolgozzuk.

Összekeverjük a többi hozzávalóval és jól összedolgozzuk.

Római saláta, szőlő és dió saláta

Hozzávalók:

7 db laza római saláta, 3 fürt, vágva
1/4 uborka, hosszában félbevágva, majd vékonyra szeletelve
4 evőkanál apróra vágott vagy apróra vágott metélőhagyma
16 szőlő
1/2 csésze szeletelt dió
1/4 fehér hagyma, szeletelve
Só és bors ízlés szerint

Kötszer

2 evőkanál desztillált fehér ecet
1/4 csésze szezámolaj
1 C. hoisin szósz

Készítmény

Az öntet összes hozzávalóját aprítógépben összedolgozzuk.

Összekeverjük a többi hozzávalóval és jól összedolgozzuk.

Vajas saláta, koktélparadicsom és thai bazsalikom saláta

Hozzávalók:

6-7 csésze vajas saláta, 3 csokor, vágva

1/4 európai vagy mag nélküli uborka, hosszában félbevágva, majd vékonyra szeletelve

3 evőkanál apróra vágott vagy apróra vágott metélőhagyma

16 koktélparadicsom

1/2 csésze dió

1/4 fehér hagyma, szeletelve

2-3 evőkanál apróra vágott thai bazsalikom

Só és bors ízlés szerint

Kötszer

1 kis medvehagyma, darálva

1 evőkanál desztillált fehér ecet

1/4 csésze szezámolaj

1 evőkanál. sambal oelek

Készítmény

Az öntet összes hozzávalóját aprítógépben összedolgozzuk.

Összekeverjük a többi hozzávalóval és jól összedolgozzuk.

Füstölt saláta és tárkonyos saláta

Hozzávalók:

8 uncia vegán sajt

6-7 csésze laza saláta, 3 csokor, vágva

1/4 európai vagy mag nélküli uborka, hosszában félbevágva, majd vékonyra szeletelve

3 evőkanál apróra vágott vagy apróra vágott metélőhagyma

16 koktélparadicsom

1/2 csésze szeletelt mandula

1/4 fehér hagyma, szeletelve

2-3 evőkanál apróra vágott tárkonylevél

Só és bors ízlés szerint

Kötszer

1 C. kömény

1 C. annatto magvak

1/2 tk. Cayenne-i bors

1 evőkanál desztillált fehér ecet

1/4 lime, gyümölcslé, kb 2 teáskanál

1/4 csésze extra szűz olívaolaj

Készítmény

Az öntet összes hozzávalóját aprítógépben összedolgozzuk. Összekeverjük a többi hozzávalóval és jól összedolgozzuk.

Saláta mentalevél és kesudió saláta

Hozzávalók:

6-7 csésze laza saláta, 3 csokor, vágva

1/4 európai vagy mag nélküli uborka, hosszában félbevágva, majd vékonyra szeletelve

3 evőkanál apróra vágott vagy apróra vágott metélőhagyma

16 szőlő

1/2 csésze kesudió

1/4 vöröshagyma, szeletelve

2-3 evőkanál apróra vágott mentalevél

Só és bors ízlés szerint

8 uncia vegán sajt

Kötszer

1 kis medvehagyma, darálva

1 evőkanál desztillált fehér ecet

1/4 lime, gyümölcslé, kb 2 teáskanál

1/4 csésze extra szűz olívaolaj

1 C. kedvesem

Készítmény

Az öntet összes hozzávalóját aprítógépben összedolgozzuk.

Összekeverjük a többi hozzávalóval és jól összedolgozzuk.

Paradicsomos saláta és mogyoró saláta

Hozzávalók:

6-7 csésze római saláta, 3 csokor, vágva

1/4 európai vagy mag nélküli uborka, hosszában félbevágva, majd vékonyra szeletelve

3 evőkanál apróra vágott vagy apróra vágott metélőhagyma

16 koktélparadicsom

1/2 csésze szeletelt földimogyoró

1/4 sárgahagyma, szeletelve

Só és bors ízlés szerint

8 uncia vegán sajt

Kötszer

1 kis medvehagyma, darálva

1 evőkanál desztillált fehér ecet

1/4 citrom, leve, kb 2 teáskanál

1/4 csésze extra szűz olívaolaj

Készítmény

Az öntet összes hozzávalóját aprítógépben összedolgozzuk.

Összekeverjük a többi hozzávalóval és jól összedolgozzuk.

Vaj Fejsaláta Narancs-mandula saláta

Hozzávalók:

6-7 csésze vajas fejes saláta, 3 csokor, vágva

1/4 uborka, hosszában félbevágva, majd vékonyra szeletelve

3 evőkanál apróra vágott vagy apróra vágott mentalevél

8 szelet mandarin narancs, meghámozva és félbevágva

1/2 csésze szeletelt mandula

1/4 fehér hagyma, szeletelve

Só és bors ízlés szerint

8 uncia vegán sajt

Kötszer

1 kis medvehagyma, darálva

1 evőkanál desztillált fehér ecet

1/4 lime, gyümölcslé, kb 2 teáskanál

1/4 csésze szezámolaj

1 evőkanál. kedvesem

Készítmény

Az öntet összes hozzávalóját aprítógépben összedolgozzuk.

Összekeverjük a többi hozzávalóval és jól összedolgozzuk.

Egyszerű saláta paradicsomból és mandulából salátával

Hozzávalók:

6-7 csésze jégsaláta, 3 csokor, vágva

1/4 európai vagy mag nélküli uborka, hosszában félbevágva, majd vékonyra szeletelve

3 evőkanál apróra vágott vagy apróra vágott metélőhagyma

16 koktélparadicsom

1/2 csésze szeletelt mandula

1/4 vöröshagyma, szeletelve

2 szál friss rozmaring

Só és bors ízlés szerint

8 uncia vegán sajt

Kötszer

1 kis medvehagyma, darálva

1 evőkanál desztillált fehér ecet

1/4 citrom, leve, kb 2 teáskanál

1/4 csésze extra szűz olívaolaj

1 majonéz tojás nélkül

Készítmény

Az öntet összes hozzávalóját aprítógépben összedolgozzuk.

Összekeverjük a többi hozzávalóval és jól összedolgozzuk.

Romaine saláta saláta paradicsom és mogyoró

Hozzávalók:

6-7 csésze római saláta, 3 csokor, vágva

1/4 európai vagy mag nélküli uborka, hosszában félbevágva, majd vékonyra szeletelve

3 evőkanál apróra vágott vagy apróra vágott metélőhagyma

16 koktélparadicsom

1/2 csésze mogyoró

10 fekete szőlő, mag nélküli

2-3 evőkanál apróra vágott tárkonylevél

Só és bors ízlés szerint

8 uncia vegán sajt

Kötszer

1 kis medvehagyma, darálva

1 evőkanál desztillált fehér ecet

1/4 citrom, leve, kb 2 teáskanál

1/4 csésze extra szűz olívaolaj

1 evőkanál. kedvesem

Készítmény

Az öntet összes hozzávalóját aprítógépben összedolgozzuk.

Összekeverjük a többi hozzávalóval és jól összedolgozzuk.

Saláta Frisee saláta Hagyma és Tárkony

Hozzávalók:

8 uncia vegán sajt

6-7 csésze levél saláta, 3 csokor, vágva

1/4 európai vagy mag nélküli uborka, hosszában félbevágva, majd vékonyra szeletelve

3 evőkanál apróra vágott vagy apróra vágott metélőhagyma

16 koktélparadicsom

1/2 csésze szeletelt mandula

1/4 fehér hagyma, szeletelve

2-3 evőkanál apróra vágott tárkonylevél

Só és bors ízlés szerint

Kötszer

1 kis medvehagyma, darálva

1 evőkanál desztillált fehér ecet

1/4 citrom, leve, kb 2 teáskanál

1/4 csésze extra szűz olívaolaj

Készítmény

Az öntet összes hozzávalóját aprítógépben összedolgozzuk.

Összekeverjük a többi hozzávalóval és jól összedolgozzuk.

Paradicsom saláta mandulával és tárkonnyal

Hozzávalók:

8 uncia vegán sajt

6-7 csésze levél saláta, 3 csokor, vágva

1/4 európai vagy mag nélküli uborka, hosszában félbevágva, majd vékonyra szeletelve

3 evőkanál apróra vágott vagy apróra vágott metélőhagyma

16 koktélparadicsom

1/2 csésze szeletelt mandula

1/4 fehér hagyma, szeletelve

2-3 evőkanál apróra vágott tárkonylevél

Só és bors ízlés szerint

Kötszer

1 kis medvehagyma, darálva

1 evőkanál desztillált fehér ecet

1/4 citrom, leve, kb 2 teáskanál

1/4 csésze extra szűz olívaolaj

Készítmény

Az öntet összes hozzávalóját aprítógépben összedolgozzuk.

Összekeverjük a többi hozzávalóval és jól összedolgozzuk.

Saláta göndör paradicsomból és mogyoróból

Hozzávalók:

8 uncia vegán sajt

6-7 csésze levél saláta, 3 csokor, vágva

1/4 európai vagy mag nélküli uborka, hosszában félbevágva, majd vékonyra szeletelve

3 evőkanál apróra vágott vagy apróra vágott metélőhagyma

16 koktélparadicsom

1/2 csésze szeletelt mogyoró

1/4 fehér hagyma, szeletelve

2-3 evőkanál apróra vágott tárkonylevél

Só és bors ízlés szerint

Kötszer

1 kis medvehagyma, darálva

1 evőkanál desztillált fehér ecet

1/4 citrom, leve, kb 2 teáskanál

1/4 csésze extra szűz olívaolaj

Készítmény

Az öntet összes hozzávalóját aprítógépben összedolgozzuk.

Összekeverjük a többi hozzávalóval és jól összedolgozzuk.

Frise és cukkinis saláta

Hozzávalók:

8 uncia vegán sajt

6-7 csésze levél saláta, 3 csokor, vágva

1/4 cukkini, hosszában félbevágva, majd vékonyra szeletelve

16 koktélparadicsom

1/2 csésze szeletelt mandula

1/4 fehér hagyma, szeletelve

2-3 evőkanál apróra vágott tárkonylevél

Só és bors ízlés szerint

Kötszer

1 kis medvehagyma, darálva

1 evőkanál desztillált fehér ecet

1/4 citrom, leve, kb 2 teáskanál

1/4 csésze extra szűz olívaolaj

Készítmény

Az öntet összes hozzávalóját aprítógépben összedolgozzuk.

Összekeverjük a többi hozzávalóval és jól összedolgozzuk.

Saláta római salátával és mogyoróval

Hozzávalók:

8 uncia vegán sajt

6-7 csésze római saláta, 3 csokor, vágva

1/4 európai vagy mag nélküli uborka, hosszában félbevágva, majd vékonyra szeletelve

3 evőkanál apróra vágott vagy apróra vágott metélőhagyma

16 koktélparadicsom

1/2 csésze szeletelt mogyoró

1/4 fehér hagyma, szeletelve

2-3 evőkanál apróra vágott tárkonylevél

Só és bors ízlés szerint

Kötszer

1 kis medvehagyma, darálva

1 evőkanál desztillált fehér ecet

1/4 citrom, leve, kb 2 teáskanál

1/4 csésze extra szűz olívaolaj

Készítmény

Az öntet összes hozzávalóját aprítógépben összedolgozzuk.

Összekeverjük a többi hozzávalóval és jól összedolgozzuk.

Paradicsom-mandula saláta jégsalátával

Hozzávalók:

8 uncia vegán sajt

6-7 csésze jégsaláta, 3 csokor, vágva

1/4 európai vagy mag nélküli uborka, hosszában félbevágva, majd vékonyra szeletelve

3 evőkanál apróra vágott vagy apróra vágott metélőhagyma

16 koktélparadicsom

1/2 csésze szeletelt mandula

1/4 fehér hagyma, szeletelve

2-3 evőkanál apróra vágott tárkonylevél

Só és bors ízlés szerint

Kötszer

1 kis medvehagyma, darálva

1 evőkanál desztillált fehér ecet

1/4 citrom, leve, kb 2 teáskanál

1/4 csésze extra szűz olívaolaj

Készítmény

Az öntet összes hozzávalóját aprítógépben összedolgozzuk.

Összekeverjük a többi hozzávalóval és jól összedolgozzuk.

Frisée és feta saláta

Hozzávalók:

6-7 csésze vajas fejes saláta, 3 csokor, vágva

1/4 mag nélküli uborka, hosszában félbevágva, majd vékonyra szeletelve

3 evőkanál apróra vágott vagy apróra vágott metélőhagyma

16 koktélparadicsom

1/2 csésze pisztácia

1/4 fehér hagyma, szeletelve

2-3 evőkanál apróra vágott tárkonylevél

Só és bors ízlés szerint

8 uncia vegán sajt

Kötszer

1 kis medvehagyma, darálva

1 evőkanál desztillált fehér ecet

1/4 citrom, leve, kb 2 teáskanál

1/4 csésze extra szűz olívaolaj

1 evőkanál. pesto szósz

Készítmény

Az öntet összes hozzávalóját aprítógépben összedolgozzuk.

Összekeverjük a többi hozzávalóval és jól összedolgozzuk.

Grillezett spárga zöldpaprika és tök

Pác hozzávalók

1/4 csésze extra szűz olívaolaj

2 evőkanál méz

4 teáskanál balzsamecet

1 teáskanál szárított oregánó

1 teáskanál fokhagyma por

1/8 teáskanál szivárvány bors

Tengeri só

Növényi összetevők

1 kiló friss spárga, vágva

3 kis sárgarépa, hosszában félbevágva

1 nagy édes zöld kaliforniai paprika 1 hüvelykes csíkokra vágva

1 közepes sárga nyári tök, 1/2 hüvelykes szeletekre vágva

1 közepes sárga hagyma, karikákra vágva

Keverjük össze a pác hozzávalóit.

A 3 evőkanál pácot és a zöldségeket egy zacskóba keverjük.

Hagyja pácolódni 1 óra 30 percig szobahőmérsékleten vagy egy éjszakán át a hűtőszekrényben.

Grill zöldségeket közepes lángon 8-12 percig, vagy amíg megpuhul.

Meglocsoljuk a maradék páccal.

Egyszerű grillezett cukkini és lilahagyma

Hozzávalók

2 nagy cukkini, hosszában ½ hüvelykes szeletekre vágva

2 nagy vöröshagyma, fél hüvelykes karikákra vágva, de ne válasszuk külön karikákra

2 evőkanál. extra szűz olívaolaj

2 evőkanál. ranch dressing mix

A zöldségek mindkét oldalát vékonyan megkenjük olívaolajjal.

Ízesítsük a ranch öntetkeverékkel

4 percig grillezzük közepes lángon, vagy amíg megpuhul.

Egyszerű grillezett kukorica és portobello

Hozzávalók

2 nagy kukorica, hosszában vágva

5 db Portobello, leöblítve és lecsepegtetve

Pác hozzávalók:

6 evőkanál. extra szűz olívaolaj

Tengeri só, ízlés szerint

3 evőkanál. desztillált fehér ecet

1 C. Dijoni mustár

Pácold be a zöldséget a vinaigrette vagy pác hozzávalóival 15-30 percig.

4 percig grillezzük közepes lángon, vagy amíg a zöldség megpuhul.

Grillezett pácolt padlizsán és cukkini

Hozzávalók

2 nagy padlizsán, hosszában vágva és félbevágva

2 nagy cukkini, hosszában vágva és félbevágva

Pác hozzávalók:

6 evőkanál. extra szűz olívaolaj

Tengeri só, ízlés szerint

3 evőkanál. desztillált fehér ecet

1 C. Dijoni mustár

Pácold be a zöldséget a vinaigrette vagy pác hozzávalóival 15-30 percig.

4 percig grillezzük közepes lángon, vagy amíg a zöldség megpuhul.

Grillezett paprika és brokkoli

Hozzávalók

2 zöldpaprika, félbevágva

10 db brokkoli rózsa

Pác hozzávalók:

6 evőkanál. extra szűz olívaolaj

Tengeri só, ízlés szerint

3 evőkanál. desztillált fehér ecet

1 C. Dijoni mustár

Pácold be a zöldséget a vinaigrette vagy pác hozzávalóival 15-30 percig.

4 percig grillezzük közepes lángon, vagy amíg a zöldség megpuhul.

Sült karfiol és kelbimbó

Hozzávalók

10 karfiol rózsa

10 db kelbimbó

Pác hozzávalók:

6 evőkanál. extra szűz olívaolaj

Tengeri só, ízlés szerint

3 evőkanál. desztillált fehér ecet

1 C. Dijoni mustár

Pácold be a zöldséget a vinaigrette vagy pác hozzávalóival 15-30 percig.

4 percig grillezzük közepes lángon, vagy amíg a zöldség megpuhul.

Grillezett kukorica és krimini gomba

Hozzávalók

2 bab hosszában vágva

10 Crimini gomba, leöblítve és lecsepegtetve

Pác hozzávalók:

6 evőkanál. extra szűz olívaolaj

Tengeri só, ízlés szerint

3 evőkanál. desztillált fehér ecet

1 C. Dijoni mustár

Pácold be a zöldséget a vinaigrette vagy pác hozzávalóival 15-30 percig.

4 percig grillezzük közepes lángon, vagy amíg a zöldség megpuhul.

Grillezett padlizsán, cukkini és kukorica

Hozzávalók

2 nagy padlizsán, hosszában vágva és félbevágva

2 nagy cukkini, hosszában vágva és félbevágva

2 bab hosszában vágva

Pác hozzávalók:

6 evőkanál. extra szűz olívaolaj

Tengeri só, ízlés szerint

3 evőkanál. desztillált fehér ecet

1 C. Dijoni mustár

Pácold be a zöldséget a vinaigrette vagy pác hozzávalóival 15-30 percig.

4 percig grillezzük közepes lángon, vagy amíg a zöldség megpuhul.

Grillezett cukkini és ananász

Hozzávalók

2 nagy cukkini, hosszában ½ hüvelykes szeletekre vágva

2 nagy vöröshagyma, fél hüvelykes karikákra vágva, de ne válasszuk külön karikákra

1 közepes ananász, 1/2 hüvelykes szeletekre vágva

10 zöldbab

Pác hozzávalók:

6 evőkanál. extra szűz olívaolaj

Tengeri só, ízlés szerint

3 evőkanál. desztillált fehér ecet

1 C. Dijoni mustár

Pácold be a zöldséget a vinaigrette vagy pác hozzávalóival 15-30 percig.

4 percig grillezzük közepes lángon, vagy amíg a zöldség megpuhul.

Portobello és grillezett spárga

Hozzávalók

3 darab. Portobello, leöblítve és lecsepegtetve

2 db Padlizsán, hosszában vágva és félbevágva

2 db cukkini hosszában vágva és félbevágva

6 db spárga

Pác hozzávalók:

6 evőkanál. extra szűz olívaolaj

Tengeri só, ízlés szerint

3 evőkanál. desztillált fehér ecet

1 C. Dijoni mustár

Pácold be a zöldséget a vinaigrette vagy pác hozzávalóival 15-30 percig.

4 percig grillezzük közepes lángon, vagy amíg a zöldség megpuhul.

Egyszerű recept grillezett zöldségekhez

Hozzávalók

3 darab. Portobello, leöblítve és lecsepegtetve

2 db Padlizsán, hosszában vágva és félbevágva

2 db cukkini hosszában vágva és félbevágva

6 db spárga

Az öntet hozzávalói

6 evőkanál. extra szűz olívaolaj

Tengeri só, ízlés szerint

3 evőkanál. almaecet

1 evőkanál. kedvesem

1 C. Majonéz tojás nélkül

Pácold be a zöldséget a vinaigrette vagy pác hozzávalóival 15-30 percig.

4 percig grillezzük közepes lángon, vagy amíg a zöldség megpuhul.

Grillezett japán padlizsán és shiitake gomba

Hozzávalók

Kukorica, hosszában vágva

2 db japán padlizsán, hosszában vágva és félbevágva

Shitake gomba, leöblítjük és lecsepegtetjük

Az öntet hozzávalói

6 evőkanál. olivaolaj

Tengeri só, ízlés szerint

3 evőkanál. fehér borecet

1 C. Majonéz tojás nélkül

Pácold be a zöldséget a vinaigrette vagy pác hozzávalóival 15-30 percig.

4 percig grillezzük közepes lángon, vagy amíg a zöldség megpuhul.

Grillezett japán padlizsán és brokkoli

Hozzávalók

2 zöldpaprika, félbevágva

10 db brokkoli rózsa

2 db japán padlizsán, hosszában vágva és félbevágva

Az öntet hozzávalói

6 evőkanál. szezámolaj

Tengeri só, ízlés szerint

3 evőkanál. desztillált fehér ecet

1 C. Majonéz tojás nélkül

Pácold be a zöldséget a vinaigrette vagy pác hozzávalóival 15-30 percig.

4 percig grillezzük közepes lángon, vagy amíg a zöldség megpuhul.

Sült karfiol és kelbimbó

Hozzávalók

10 karfiol rózsa

10 db kelbimbó

Az öntet hozzávalói

6 evőkanál. szezámolaj

Tengeri só, ízlés szerint

3 evőkanál. desztillált fehér ecet

1 C. Majonéz tojás nélkül

Pácold be a zöldséget a vinaigrette vagy pác hozzávalóival 15-30 percig.

4 percig grillezzük közepes lángon, vagy amíg a zöldség megpuhul.

Japán grillezett karfiol recept balzsamos mázzal

Hozzávalók

2 zöld kaliforniai paprika, hosszában félbevágva

10 karfiol rózsa

2 db japán padlizsán, hosszában vágva és félbevágva

Az öntet hozzávalói

6 evőkanál. extra szűz olívaolaj

Tengeri só, ízlés szerint

3 evőkanál. Balzsamecet

1 C. Dijoni mustár

Pácold be a zöldséget a vinaigrette vagy pác hozzávalóival 15-30 percig.

4 percig grillezzük közepes lángon, vagy amíg a zöldség megpuhul.

Egyszerű recept grillezett zöldségekhez

Hozzávalók

2 nagy padlizsán, hosszában vágva és félbevágva

1 nagy cukkini hosszában vágva és félbevágva

5 brokkoli rózsa

Pác hozzávalók:

6 evőkanál. extra szűz olívaolaj

Tengeri só, ízlés szerint

3 evőkanál. desztillált fehér ecet

1 C. Dijoni mustár

Pácold be a zöldséget a vinaigrette vagy pác hozzávalóival 15-30 percig.

4 percig grillezzük közepes lángon, vagy amíg a zöldség megpuhul.

Grillezett padlizsán és zöldpaprika

Hozzávalók

2 zöldpaprika, félbevágva

10 db brokkoli rózsa

2 db Padlizsán, hosszában vágva és félbevágva

Az öntet hozzávalói

6 evőkanál. olivaolaj

Tengeri só, ízlés szerint

3 evőkanál. fehér borecet

1 C. angol mustár

Pácold be a zöldséget a vinaigrette vagy pác hozzávalóival 15-30 percig.

4 percig grillezzük közepes lángon, vagy amíg a zöldség megpuhul.

Grillezett portobello spárga és zöldbab almabor vinaigrette-vel

Hozzávalók

3 darab. Portobello, leöblítve és lecsepegtetve

2 db Padlizsán, hosszában vágva és félbevágva

2 db cukkini hosszában vágva és félbevágva

6 db spárga

1 közepes ananász, 1/2 hüvelykes szeletekre vágva

10 zöldbab

Az öntet hozzávalói

6 evőkanál. extra szűz olívaolaj

Tengeri só, ízlés szerint

3 evőkanál. almaecet

1 evőkanál. kedvesem

1 C. Majonéz tojás nélkül

Pácold be a zöldséget a vinaigrette vagy pác hozzávalóival 15-30 percig.

4 percig grillezzük közepes lángon, vagy amíg a zöldség megpuhul.

Grillezett bab és portobello gomba

Hozzávalók

Kukorica, hosszában vágva

5 portobello gomba, leöblítve és lecsepegtetve

10 zöldbab

Az öntet hozzávalói

6 evőkanál. olivaolaj

Tengeri só, ízlés szerint

3 evőkanál. fehér borecet

1 C. Majonéz tojás nélkül

Pácold be a zöldséget a vinaigrette vagy pác hozzávalóival 15-30 percig.

4 percig grillezzük közepes lángon, vagy amíg a zöldség megpuhul.

Kelbimbó és zöldbab

Hozzávalók

10 karfiol rózsa

10 db kelbimbó

10 zöldbab

Az öntet hozzávalói

6 evőkanál. olivaolaj

Tengeri só, ízlés szerint

3 evőkanál. fehér borecet

1 C. Majonéz tojás nélkül

Pácold be a zöldséget a vinaigrette vagy pác hozzávalóival 15-30 percig.

4 percig grillezzük közepes lángon, vagy amíg a zöldség megpuhul.

Cukkini és hagyma ranch öntetben

Hozzávalók

2 nagy cukkini, hosszában ½ hüvelykes szeletekre vágva

2 nagy vöröshagyma, fél hüvelykes karikákra vágva, de ne válasszuk külön karikákra

2 evőkanál. extra szűz olívaolaj

2 evőkanál. ranch dressing mix

Pácold be a zöldséget a vinaigrette vagy pác hozzávalóival 15-30 percig.

4 percig grillezzük közepes lángon, vagy amíg a zöldség megpuhul.

Grillezett zöldbab és ananász balzsamos vinaigrette-ben

Hozzávalók

1 közepes ananász, 1/2 hüvelykes szeletekre vágva

10 zöldbab

Az öntet hozzávalói

6 evőkanál. extra szűz olívaolaj

Tengeri só, ízlés szerint

3 evőkanál. Balzsamecet

1 C. Dijoni mustár

Pácold be a zöldséget a vinaigrette vagy pác hozzávalóival 15-30 percig.

4 percig grillezzük közepes lángon, vagy amíg a zöldség megpuhul.

Brokkoli és grillezett padlizsán

Hozzávalók

1 nagy padlizsán, hosszában vágva és félbevágva

1 nagy cukkini hosszában vágva és félbevágva

10 zöldbab

10 db brokkoli rózsa

Pác hozzávalók:

6 evőkanál. extra szűz olívaolaj

Tengeri só, ízlés szerint

3 evőkanál. desztillált fehér ecet

1 C. Dijoni mustár

Pácold be a zöldséget a vinaigrette vagy pác hozzávalóival 15-30 percig.

4 percig grillezzük közepes lángon, vagy amíg a zöldség megpuhul.

Brokkoli és grillezett zöldpaprika

Hozzávalók

2 zöldpaprika, félbevágva

8 brokkoli rózsa

Az öntet hozzávalói

6 evőkanál. szezámolaj

Tengeri só, ízlés szerint

3 evőkanál. desztillált fehér ecet

1 C. Majonéz tojás nélkül

Pácold be a zöldséget a vinaigrette vagy pác hozzávalóival 15-30 percig.

4 percig grillezzük közepes lángon, vagy amíg a zöldség megpuhul.

Grillezett cukkini és sárgarépa

Hozzávalók

2 nagy cukkini, hosszában ½ hüvelykes szeletekre vágva

1 nagy vöröshagyma ½ hüvelykes karikákra vágva, de ne válasszuk külön karikákra

1 nagy sárgarépa, meghámozva és hosszában felvágva

Az öntet hozzávalói

6 evőkanál. olivaolaj

Tengeri só, ízlés szerint

3 evőkanál. fehér borecet

1 C. angol mustár

Pácold be a zöldséget a vinaigrette vagy pác hozzávalóival 15-30 percig.

4 percig grillezzük közepes lángon, vagy amíg a zöldség megpuhul.

Grillezett portobello gomba almabor vinaigrette-vel

Hozzávalók

Kukorica, hosszában vágva

5 portobello gomba, leöblítve és lecsepegtetve

Az öntet hozzávalói

6 evőkanál. extra szűz olívaolaj

Tengeri só, ízlés szerint

3 evőkanál. almaecet

1 evőkanál. kedvesem

1 C. Majonéz tojás nélkül

Pácold be a zöldséget a vinaigrette vagy pác hozzávalóival 15-30 percig.

4 percig grillezzük közepes lángon, vagy amíg a zöldség megpuhul.

Sült sárgarépa kelbimbóval

Hozzávalók

10 karfiol rózsa

10 db kelbimbó

1 nagy sárgarépa, meghámozva és hosszában felvágva

Az öntet hozzávalói

6 evőkanál. olivaolaj

Tengeri só, ízlés szerint

3 evőkanál. fehér borecet

1 C. Majonéz tojás nélkül

Pácold be a zöldséget a vinaigrette vagy pác hozzávalóival 15-30 percig.

4 percig grillezzük közepes lángon, vagy amíg a zöldség megpuhul.

Grillezett paszternák és cukkini receptje

Hozzávalók

1 nagy paszternák, meghámozva és hosszában felvágva

1 nagy cukkini, hosszában ½ hüvelykes szeletekre vágva

2 nagy vöröshagyma, fél hüvelykes karikákra vágva, de ne válasszuk külön karikákra

Pác hozzávalók:

6 evőkanál. extra szűz olívaolaj

Tengeri só, ízlés szerint

3 evőkanál. desztillált fehér ecet

1 C. Dijoni mustár

Pácold be a zöldséget a vinaigrette vagy pác hozzávalóival 15-30 percig.

4 percig grillezzük közepes lángon, vagy amíg a zöldség megpuhul.

Grillezett fehérrépa keleti vinaigrette-vel

Hozzávalók

1 nagy fehérrépa, meghámozva és hosszában felvágva

2 zöldpaprika, félbevágva

10 db brokkoli rózsa

Az öntet hozzávalói

6 evőkanál. szezámolaj

Tengeri só, ízlés szerint

3 evőkanál. desztillált fehér ecet

1 C. Majonéz tojás nélkül

Pácold be a zöldséget a vinaigrette vagy pác hozzávalóival 15-30 percig.

4 percig grillezzük közepes lángon, vagy amíg a zöldség megpuhul.

Grillezett sárgarépa, fehérrépa és portobello balzsammázzal

Hozzávalók

1 nagy sárgarépa, meghámozva és hosszában felvágva

1 nagy fehérrépa, meghámozva és hosszában felvágva

1 kukorica, hosszában vágva

2 portobello gomba, leöblítve és lecsepegtetve

Az öntet hozzávalói

6 evőkanál. extra szűz olívaolaj

Tengeri só, ízlés szerint

3 evőkanál. Balzsamecet

1 C. Dijoni mustár

Pácold be a zöldséget a vinaigrette vagy pác hozzávalóival 15-30 percig.

4 percig grillezzük közepes lángon, vagy amíg a zöldség megpuhul.

Grillezett cukkini és mangó

Hozzávalók

2 nagy cukkini, hosszában vágva és félbevágva

2 nagy mangó, hosszában vágva és kimagozva

Az öntet hozzávalói

6 evőkanál. szezámolaj

Tengeri só, ízlés szerint

3 evőkanál. desztillált fehér ecet

1 C. Majonéz tojás nélkül

Pácold be a zöldséget a vinaigrette vagy pác hozzávalóival 15-30 percig.

4 percig grillezzük közepes lángon, vagy amíg a zöldség megpuhul.

A mangó esetében csak addig grillezzen, amíg barna foltokat nem lát.

Grillezett bébi kukorica és zöldbab

Hozzávalók

½ csésze bébi kukorica

1 közepes ananász, 1/2 hüvelykes szeletekre vágva

10 zöldbab

2 nagy vöröshagyma, fél hüvelykes karikákra vágva, de ne válasszuk külön karikákra

Az öntet hozzávalói

6 evőkanál. olivaolaj

Tengeri só, ízlés szerint

3 evőkanál. fehér borecet

1 C. angol mustár

Pácold be a zöldséget a vinaigrette vagy pác hozzávalóival 15-30 percig.

4 percig grillezzük közepes lángon, vagy amíg a zöldség megpuhul.

Grillezett articsóka szív és kelbimbó

Hozzávalók

½ csésze konzerv articsóka szív

5 brokkoli rózsa

10 db kelbimbó

Az öntet hozzávalói

6 evőkanál. olivaolaj

Tengeri só, ízlés szerint

3 evőkanál. fehér borecet

1 C. Majonéz tojás nélkül

Pácold be a zöldséget a vinaigrette vagy pác hozzávalóival 15-30 percig.

4 percig grillezzük közepes lángon, vagy amíg a zöldség megpuhul.

Sült paprika és kelbimbós brokkoli mézes almabormázzal

Hozzávalók

10 db brokkoli rózsa

½ csésze konzerv articsóka szív

10 kelbimbó

Az öntet hozzávalói

6 evőkanál. extra szűz olívaolaj

Tengeri só, ízlés szerint

3 evőkanál. almaecet

1 evőkanál. kedvesem

1 C. Majonéz tojás nélkül

Pácold be a zöldséget a vinaigrette vagy pác hozzávalóival 15-30 percig.

4 percig grillezzük közepes lángon, vagy amíg a zöldség megpuhul.

Válogatott grillezett paprika brokkolival Recept

Hozzávalók

1 zöld kaliforniai paprika, félbevágva

1 sárga kaliforniai paprika, félbevágva

1 piros kaliforniai paprika, félbevágva

10 db brokkoli rózsa

Pác hozzávalók:

6 evőkanál. extra szűz olívaolaj

Tengeri só, ízlés szerint

3 evőkanál. desztillált fehér ecet

1 C. Dijoni mustár

Pácold be a zöldséget a vinaigrette vagy pác hozzávalóival 15-30 percig.

4 percig grillezzük közepes lángon, vagy amíg a zöldség megpuhul.

Grillezett padlizsán, cukkini, válogatott paprikával

Hozzávalók

1 kis padlizsán, hosszában vágva és félbevágva

1 kis cukkini hosszában vágva és félbevágva

1 zöld kaliforniai paprika, félbevágva

1 sárga kaliforniai paprika, félbevágva

1 piros kaliforniai paprika, félbevágva

Az öntet hozzávalói

6 evőkanál. szezámolaj

Tengeri só, ízlés szerint

3 evőkanál. desztillált fehér ecet

1 C. Majonéz tojás nélkül

Pácold be a zöldséget a vinaigrette vagy pác hozzávalóival 15-30 percig.

4 percig grillezzük közepes lángon, vagy amíg a zöldség megpuhul.

Grillezett portobello és lilahagyma

Hozzávalók

1 kukorica, hosszában vágva

5 portobello gomba, leöblítve és lecsepegtetve

1 közepes vöröshagyma ½ hüvelykes karikákra vágva, de ne válasszuk külön karikákra

Az öntet hozzávalói

6 evőkanál. extra szűz olívaolaj

Tengeri só, ízlés szerint

3 evőkanál. Balzsamecet

1 C. Dijoni mustár

Pácold be a zöldséget a vinaigrette vagy pác hozzávalóival 15-30 percig.

4 percig grillezzük közepes lángon, vagy amíg a zöldség megpuhul.

Grillezett kukorica és vöröshagyma

Hozzávalók

2 nagy cukkini, hosszában ½ hüvelykes szeletekre vágva

2 nagy vöröshagyma, fél hüvelykes karikákra vágva, de ne válasszuk külön karikákra

1 kukorica, hosszában vágva

Az öntet hozzávalói

6 evőkanál. szezámolaj

Tengeri só, ízlés szerint

3 evőkanál. desztillált fehér ecet

1 C. Majonéz tojás nélkül

Pácold be a zöldséget a vinaigrette vagy pác hozzávalóival 15-30 percig.

4 percig grillezzük közepes lángon, vagy amíg a zöldség megpuhul.

Grillezett karfiol és spárga

Hozzávalók

10 karfiol rózsa

5 db kelbimbó

6 db spárga

Az öntet hozzávalói

6 evőkanál. olivaolaj

Tengeri só, ízlés szerint

3 evőkanál. fehér borecet

1 C. angol mustár

Pácold be a zöldséget a vinaigrette vagy pác hozzávalóival 15-30 percig.

4 percig grillezzük közepes lángon, vagy amíg a zöldség megpuhul.

Grillezett cukkini Portobello padlizsán és spárga

Hozzávalók

3 darab. Portobello, leöblítve és lecsepegtetve

2 db Padlizsán, hosszában vágva és félbevágva

2 db cukkini hosszában vágva és félbevágva

6 db spárga

Az öntet hozzávalói

6 evőkanál. szezámolaj

Tengeri só, ízlés szerint

3 evőkanál. desztillált fehér ecet

1 C. Majonéz tojás nélkül

Pácold be a zöldséget a vinaigrette vagy pác hozzávalóival 15-30 percig.

4 percig grillezzük közepes lángon, vagy amíg a zöldség megpuhul.

Sült zöldpaprika, brokkoli és spárga receptje

Hozzávalók

2 zöldpaprika, félbevágva

5 brokkoli rózsa

6 db spárga

Az öntet hozzávalói

6 evőkanál. extra szűz olívaolaj

Tengeri só, ízlés szerint

3 evőkanál. almaecet

1 evőkanál. kedvesem

1 C. Majonéz tojás nélkül

Pácold be a zöldséget a vinaigrette vagy pác hozzávalóival 15-30 percig.

4 percig grillezzük közepes lángon, vagy amíg a zöldség megpuhul.

Grillezett portobello gomba és cukkini

Hozzávalók

2 nagy cukkini, hosszában ½ hüvelykes szeletekre vágva

2 nagy vöröshagyma, fél hüvelykes karikákra vágva, de ne válasszuk külön karikákra

2 portobello gomba félbevágva

Pác hozzávalók:

6 evőkanál. extra szűz olívaolaj

Tengeri só, ízlés szerint

3 evőkanál. desztillált fehér ecet

1 C. Dijoni mustár

Pácold be a zöldséget a vinaigrette vagy pác hozzávalóival 15-30 percig.

4 percig grillezzük közepes lángon, vagy amíg a zöldség megpuhul.

Grillezett spárga, ananász és zöldbab

Hozzávalók

10 db brokkoli rózsa

10 db spárga

1 közepes ananász, 1/2 hüvelykes szeletekre vágva

10 zöldbab

Az öntet hozzávalói

6 evőkanál. szezámolaj

Tengeri só, ízlés szerint

3 evőkanál. desztillált fehér ecet

1 C. Majonéz tojás nélkül

Pácold be a zöldséget a vinaigrette vagy pác hozzávalóival 15-30 percig.

4 percig grillezzük közepes lángon, vagy amíg a zöldség megpuhul.

Grillezett zöldbab és padlizsán

Hozzávalók

2 nagy padlizsán, hosszában vágva és félbevágva

2 nagy cukkini, hosszában vágva és félbevágva

10 zöldbab

Az öntet hozzávalói

6 evőkanál. extra szűz olívaolaj

Tengeri só, ízlés szerint

3 evőkanál. Balzsamecet

1 C. Dijoni mustár

Pácold be a zöldséget a vinaigrette vagy pác hozzávalóival 15-30 percig.

4 percig grillezzük közepes lángon, vagy amíg a zöldség megpuhul.

Grillezett spárga és brokkoli

Hozzávalók

Kukorica, hosszában vágva

5 portobello gomba, leöblítve és lecsepegtetve

8 db spárga

Az öntet hozzávalói

6 evőkanál. szezámolaj

Tengeri só, ízlés szerint

3 evőkanál. desztillált fehér ecet

1 C. Majonéz tojás nélkül

Pácold be a zöldséget a vinaigrette vagy pác hozzávalóival 15-30 percig.

4 percig grillezzük közepes lángon, vagy amíg a zöldség megpuhul.

Sült karfiol és kelbimbó

Hozzávalók

10 karfiol rózsa

10 db kelbimbó

10 db brokkoli rózsa

10 db spárga

Az öntet hozzávalói

6 evőkanál. olivaolaj

Tengeri só, ízlés szerint

3 evőkanál. fehér borecet

1 C. angol mustár

Pácold be a zöldséget a vinaigrette vagy pác hozzávalóival 15-30 percig.

4 percig grillezzük közepes lángon, vagy amíg a zöldség megpuhul.

Grillezett brokkoli és brokkoli virágok

Hozzávalók

2 zöldpaprika, félbevágva

5 brokkoli rózsa

5 brokkoli rózsa

Az öntet hozzávalói

6 evőkanál. szezámolaj

Tengeri só, ízlés szerint

3 evőkanál. desztillált fehér ecet

1 C. Majonéz tojás nélkül

Pácold be a zöldséget a vinaigrette vagy pác hozzávalóival 15-30 percig.

4 percig grillezzük közepes lángon, vagy amíg a zöldség megpuhul.

Grillezett cukkini vöröshagyma Broccolini Florets és spárga

Hozzávalók

2 nagy cukkini, hosszában ½ hüvelykes szeletekre vágva

2 nagy vöröshagyma, fél hüvelykes karikákra vágva, de ne válasszuk külön karikákra

10 db brokkoli rózsa

10 db spárga

Az öntet hozzávalói

6 evőkanál. extra szűz olívaolaj

Tengeri só, ízlés szerint

3 evőkanál. almaecet

1 evőkanál. kedvesem

1 C. Majonéz tojás nélkül

Pácold be a zöldséget a vinaigrette vagy pác hozzávalóival 15-30 percig.

4 percig grillezzük közepes lángon, vagy amíg a zöldség megpuhul.

Grillezett zöldbab, spárga, brokkoli virágok és ananász

Hozzávalók

10 db brokkoli rózsa

10 db spárga

1 közepes ananász, 1/2 hüvelykes szeletekre vágva

10 zöldbab

Pác hozzávalók:

6 evőkanál. extra szűz olívaolaj

Tengeri só, ízlés szerint

3 evőkanál. desztillált fehér ecet

1 C. Dijoni mustár

Pácold be a zöldséget a vinaigrette vagy pác hozzávalóival 15-30 percig.

4 percig grillezzük közepes lángon, vagy amíg a zöldség megpuhul.

Grillezett Edamame bab

Hozzávalók

10 edamame bab

10 karfiol rózsa

10 db kelbimbó

Az öntet hozzávalói

6 evőkanál. olivaolaj

Tengeri só, ízlés szerint

3 evőkanál. fehér borecet

1 C. Majonéz tojás nélkül

Pácold be a zöldséget a vinaigrette vagy pác hozzávalóival 15-30 percig.

4 percig grillezzük közepes lángon, vagy amíg a zöldség megpuhul.

Grillezett okra, cukkini és lilahagyma

Hozzávalók

5 db Okra

2 nagy cukkini, hosszában ½ hüvelykes szeletekre vágva

2 nagy vöröshagyma, fél hüvelykes karikákra vágva, de ne válasszuk külön karikákra

Az öntet hozzávalói

6 evőkanál. extra szűz olívaolaj

Tengeri só, ízlés szerint

3 evőkanál. Balzsamecet

1 C. Dijoni mustár

Pácold be a zöldséget a vinaigrette vagy pác hozzávalóival 15-30 percig.

4 percig grillezzük közepes lángon, vagy amíg a zöldség megpuhul.

Grillezett paszternák és cukkini

Hozzávalók

1 nagy paszternák, hosszában vágva

2 nagy cukkini, hosszában ½ hüvelykes szeletekre vágva

2 nagy vöröshagyma, fél hüvelykes karikákra vágva, de ne válasszuk külön karikákra

2 evőkanál. extra szűz olívaolaj

2 evőkanál. ranch dressing mix

Pácold be a zöldséget a vinaigrette vagy pác hozzávalóival 15-30 percig.

4 percig grillezzük közepes lángon, vagy amíg a zöldség megpuhul.

Grillezett paszternák és okra

Hozzávalók

1 nagy paszternák, hosszában vágva

5 db Okra

2 nagy padlizsán, hosszában vágva és félbevágva

2 nagy cukkini, hosszában vágva és félbevágva

Az öntet hozzávalói

6 evőkanál. olivaolaj

Tengeri só, ízlés szerint

3 evőkanál. fehér borecet

1 C. angol mustár

Pácold be a zöldséget a vinaigrette vagy pác hozzávalóival 15-30 percig.

4 percig grillezzük közepes lángon, vagy amíg a zöldség megpuhul.

Brokkolis grillezett paszternák Okra és spárga

Hozzávalók

5 brokkoli rózsa

1 nagy paszternák, hosszában vágva

5 db Okra

3 darab. spárga

Kukorica, hosszában vágva

2 portobello gomba, leöblítve és lecsepegtetve

Pác hozzávalók:

6 evőkanál. extra szűz olívaolaj

Tengeri só, ízlés szerint

3 evőkanál. desztillált fehér ecet

1 C. Dijoni mustár

Pácold be a zöldséget a vinaigrette vagy pác hozzávalóival 15-30 percig.

4 percig grillezzük közepes lángon, vagy amíg a zöldség megpuhul.

Grillezett fehérrépa és paprika

Hozzávalók

1 nagy fehérrépa, hosszában vágva

2 zöldpaprika, félbevágva

10 db brokkoli rózsa

Az öntet hozzávalói

6 evőkanál. extra szűz olívaolaj

Tengeri só, ízlés szerint

3 evőkanál. almaecet

1 evőkanál. kedvesem

1 C. Majonéz tojás nélkül

Pácold be a zöldséget a vinaigrette vagy pác hozzávalóival 15-30 percig.

4 percig grillezzük közepes lángon, vagy amíg a zöldség megpuhul.

Grillezett karfiol és brokkoli

Hozzávalók

10 karfiol rózsa

10 db kelbimbó

10 db brokkoli rózsa

10 db spárga

Az öntet hozzávalói

6 evőkanál. szezámolaj

Tengeri só, ízlés szerint

3 evőkanál. desztillált fehér ecet

1 C. Majonéz tojás nélkül

Pácold be a zöldséget a vinaigrette vagy pác hozzávalóival 15-30 percig.

4 percig grillezzük közepes lángon, vagy amíg a zöldség megpuhul.

Grillezett fehérrépa és ananász

Hozzávalók

1 nagy fehérrépa, hosszában vágva

1 közepes ananász, 1/2 hüvelykes szeletekre vágva

10 zöldbab

Az öntet hozzávalói

6 evőkanál. szezámolaj

Tengeri só, ízlés szerint

3 evőkanál. desztillált fehér ecet

1 C. Majonéz tojás nélkül

Pácold be a zöldséget a vinaigrette vagy pác hozzávalóival 15-30 percig.

4 percig grillezzük közepes lángon, vagy amíg a zöldség megpuhul.

Grillezett paszternák és cukkini

Hozzávalók

1 nagy paszternák, hosszában vágva

2 nagy cukkini, hosszában ½ hüvelykes szeletekre vágva

2 nagy vöröshagyma, fél hüvelykes karikákra vágva, de ne válasszuk külön karikákra

Az öntet hozzávalói

6 evőkanál. olivaolaj

Tengeri só, ízlés szerint

3 evőkanál. fehér borecet

1 C. Majonéz tojás nélkül

Pácold be a zöldséget a vinaigrette vagy pác hozzávalóival 15-30 percig.

4 percig grillezzük közepes lángon, vagy amíg a zöldség megpuhul.

Grillezett fehérrépa vöröshagyma és paszternák

Hozzávalók

1 nagy fehérrépa, hosszában vágva

1 nagy paszternák, hosszában vágva

1 nagy cukkini, hosszában ½ hüvelykes szeletekre vágva

2 kis vöröshagyma, fél hüvelykes karikákra vágva, de ne válasszuk külön karikákra

Az öntet hozzávalói

6 evőkanál. extra szűz olívaolaj

Tengeri só, ízlés szerint

3 evőkanál. Balzsamecet

1 C. Dijoni mustár

Pácold be a zöldséget a vinaigrette vagy pác hozzávalóival 15-30 percig.

4 percig grillezzük közepes lángon, vagy amíg a zöldség megpuhul.

Grillezett sárgarépa, paszternák és brokkoli

Hozzávalók

1 nagy sárgarépa, hosszában vágva

1 nagy paszternák, hosszában vágva

10 db brokkoli rózsa

10 db spárga

10 zöldbab

Az öntet hozzávalói

6 evőkanál. olivaolaj

Tengeri só, ízlés szerint

3 evőkanál. fehér borecet

1 C. angol mustár

Pácold be a zöldséget a vinaigrette vagy pác hozzávalóival 15-30 percig.

4 percig grillezzük közepes lángon, vagy amíg a zöldség megpuhul.

Grillezett spárga és brokkoli virágok

Hozzávalók

10 db brokkoli rózsa

10 db spárga

Kukorica, hosszában vágva

5 portobello gomba, leöblítve és lecsepegtetve

Pác hozzávalók:

6 evőkanál. extra szűz olívaolaj

Tengeri só, ízlés szerint

3 evőkanál. desztillált fehér ecet

1 C. Dijoni mustár

Pácold be a zöldséget a vinaigrette vagy pác hozzávalóival 15-30 percig.

4 percig grillezzük közepes lángon, vagy amíg a zöldség megpuhul.

Grillezett karfiol és bébi kukorica

Hozzávalók

10 karfiol rózsa

½ csésze konzerv bébikukorica

10 db kelbimbó

Az öntet hozzávalói

6 evőkanál. extra szűz olívaolaj

Tengeri só, ízlés szerint

3 evőkanál. almaecet

1 evőkanál. kedvesem

1 C. Majonéz tojás nélkül

Pácold be a zöldséget a vinaigrette vagy pác hozzávalóival 15-30 percig.

4 percig grillezzük közepes lángon, vagy amíg a zöldség megpuhul.

Grillezett articsóka szívek és brokkoli virágok

Hozzávalók

½ csésze konzerv articsóka szív

10 db brokkoli rózsa

Az öntet hozzávalói

6 evőkanál. szezámolaj

Tengeri só, ízlés szerint

3 evőkanál. desztillált fehér ecet

1 C. Majonéz tojás nélkül

Pácold be a zöldséget a vinaigrette vagy pác hozzávalóival 15-30 percig.

4 percig grillezzük közepes lángon, vagy amíg a zöldség megpuhul.

Baba sárgarépa és grillezett padlizsán

Hozzávalók

5 db kis sárgarépa

2 nagy padlizsán, hosszában vágva és félbevágva

2 nagy cukkini, hosszában vágva és félbevágva

Az öntet hozzávalói

6 evőkanál. szezámolaj

Tengeri só, ízlés szerint

3 evőkanál. desztillált fehér ecet

1 C. Majonéz tojás nélkül

Pácold be a zöldséget a vinaigrette vagy pác hozzávalóival 15-30 percig.

4 percig grillezzük közepes lángon, vagy amíg a zöldség megpuhul.

Grillezett bébi sárgarépa és cukkini

Hozzávalók

7 db kis sárgarépa

2 nagy cukkini, hosszában ½ hüvelykes szeletekre vágva

2 nagy vöröshagyma, fél hüvelykes karikákra vágva, de ne válasszuk külön karikákra

Az öntet hozzávalói

6 evőkanál. olivaolaj

Tengeri só, ízlés szerint

3 evőkanál. fehér borecet

1 C. Majonéz tojás nélkül

Pácold be a zöldséget a vinaigrette vagy pác hozzávalóival 15-30 percig.

4 percig grillezzük közepes lángon, vagy amíg a zöldség megpuhul.

Grillezett kukorica, babakukorica és spárga

Hozzávalók

10 baba tyúkszem

10 db spárga

Kukorica, hosszában vágva

Az öntet hozzávalói

6 evőkanál. extra szűz olívaolaj

Tengeri só, ízlés szerint

3 evőkanál. Balzsamecet

1 C. Dijoni mustár

Pácold be a zöldséget a vinaigrette vagy pác hozzávalóival 15-30 percig.

4 percig grillezzük közepes lángon, vagy amíg a zöldség megpuhul.

Baba grillezett sárgarépa és articsóka szívek

Hozzávalók

1 csésze konzerv articsóka szív

2 nagy cukkini, hosszában ½ hüvelykes szeletekre vágva

8 kis sárgarépa

Az öntet hozzávalói

6 evőkanál. olivaolaj

Tengeri só, ízlés szerint

3 evőkanál. fehér borecet

1 C. angol mustár

Pácold be a zöldséget a vinaigrette vagy pác hozzávalóival 15-30 percig.

4 percig grillezzük közepes lángon, vagy amíg a zöldség megpuhul.

Zöldbab ananásszal és grillezett articsóka szívvel

Hozzávalók

1 közepes ananász, 1/2 hüvelykes szeletekre vágva

10 zöldbab

1 csésze konzerv articsóka szív

Pác hozzávalók:

6 evőkanál. extra szűz olívaolaj

Tengeri só, ízlés szerint

3 evőkanál. desztillált fehér ecet

1 C. Dijoni mustár

Pácold be a zöldséget a vinaigrette vagy pác hozzávalóival 15-30 percig.

4 percig grillezzük közepes lángon, vagy amíg a zöldség megpuhul.

Brokkoli és grillezett bébi sárgarépa

Hozzávalók

10 db brokkoli rózsa

10 db bébi sárgarépa

2 nagy cukkini, hosszában ½ hüvelykes szeletekre vágva

2 nagy vöröshagyma, fél hüvelykes karikákra vágva, de ne válasszuk külön karikákra

Az öntet hozzávalói

6 evőkanál. olivaolaj

Tengeri só, ízlés szerint

3 evőkanál. fehér borecet

1 C. Majonéz tojás nélkül

Pácold be a zöldséget a vinaigrette vagy pác hozzávalóival 15-30 percig.

4 percig grillezzük közepes lángon, vagy amíg a zöldség megpuhul.

Egyszerű grillezett kukorica és karfiol virágok

Hozzávalók

10db bébi kukorica

10 karfiol rózsa

10 db kelbimbó

Az öntet hozzávalói

6 evőkanál. extra szűz olívaolaj

Tengeri só, ízlés szerint

3 evőkanál. almaecet

1 evőkanál. kedvesem

1 C. Majonéz tojás nélkül

Pácold be a zöldséget a vinaigrette vagy pác hozzávalóival 15-30 percig.

4 percig grillezzük közepes lángon, vagy amíg a zöldség megpuhul.

Baba sárgarépa és grillezett paprika

Hozzávalók

8 kis sárgarépa

2 zöldpaprika, félbevágva

10 db brokkoli rózsa

Az öntet hozzávalói

6 evőkanál. szezámolaj

Tengeri só, ízlés szerint

3 evőkanál. desztillált fehér ecet

1 C. Majonéz tojás nélkül

Pácold be a zöldséget a vinaigrette vagy pác hozzávalóival 15-30 percig.

4 percig grillezzük közepes lángon, vagy amíg a zöldség megpuhul.

Mini grillezett kukorica, articsóka szívek és padlizsán

Hozzávalók

½ csésze konzerv bébikukorica

½ csésze konzerv articsóka szív

2 nagy padlizsán, hosszában vágva és félbevágva

Az öntet hozzávalói

6 evőkanál. olivaolaj

Tengeri só, ízlés szerint

3 evőkanál. fehér borecet

1 C. Majonéz tojás nélkül

Pácold be a zöldséget a vinaigrette vagy pác hozzávalóival 15-30 percig.

4 percig grillezzük közepes lángon, vagy amíg a zöldség megpuhul.

Baba grillezett sárgarépa és lilahagyma

Hozzávalók

½ csésze bébi sárgarépa

2 nagy cukkini, hosszában ½ hüvelykes szeletekre vágva

2 nagy vöröshagyma, fél hüvelykes karikákra vágva, de ne válasszuk külön karikákra

Az öntet hozzávalói

6 evőkanál. extra szűz olívaolaj

Tengeri só, ízlés szerint

3 evőkanál. Balzsamecet

1 C. Dijoni mustár

Pácold be a zöldséget a vinaigrette vagy pác hozzávalóival 15-30 percig.

4 percig grillezzük közepes lángon, vagy amíg a zöldség megpuhul.

Grillezett brokkoli, spárga és portobello gomba

Hozzávalók

10 db brokkoli rózsa

10 db spárga

Kukorica, hosszában vágva

5 portobello gomba, leöblítve és lecsepegtetve

Az öntet hozzávalói

6 evőkanál. szezámolaj

Tengeri só, ízlés szerint

3 evőkanál. desztillált fehér ecet

1 C. Majonéz tojás nélkül

Pácold be a zöldséget a vinaigrette vagy pác hozzávalóival 15-30 percig.

4 percig grillezzük közepes lángon, vagy amíg a zöldség megpuhul.

Grillezett articsóka szívek

Hozzávalók

1 csésze konzerv articsóka szív

2 nagy vöröshagyma, fél hüvelykes karikákra vágva, de ne válasszuk külön karikákra

Az öntet hozzávalói

6 evőkanál. olivaolaj

Tengeri só, ízlés szerint

3 evőkanál. fehér borecet

1 C. angol mustár

Pácold be a zöldséget a vinaigrette vagy pác hozzávalóival 15-30 percig.

4 percig grillezzük közepes lángon, vagy amíg a zöldség megpuhul.

Grillezett bébi sárgarépa és gomba

Hozzávalók

10 db bébi sárgarépa

1 csésze konzerv gomba

Az öntet hozzávalói

6 evőkanál. olivaolaj

Tengeri só, ízlés szerint

3 evőkanál. fehér borecet

1 C. Majonéz tojás nélkül

Pácold be a zöldséget a vinaigrette vagy pác hozzávalóival 15-30 percig.

4 percig grillezzük közepes lángon, vagy amíg a zöldség megpuhul.

Grillezett articsóka szív és spárga

Hozzávalók

½ csésze konzerv articsóka szív

10 db brokkoli rózsa

10 db spárga

Az öntet hozzávalói

6 evőkanál. extra szűz olívaolaj

Tengeri só, ízlés szerint

3 evőkanál. almaecet

1 evőkanál. kedvesem

1 C. Majonéz tojás nélkül

Pácold be a zöldséget a vinaigrette vagy pác hozzávalóival 15-30 percig.

4 percig grillezzük közepes lángon, vagy amíg a zöldség megpuhul.

Grillezett cukkini

Hozzávalók

2 nagy cukkini, hosszában ½ hüvelykes szeletekre vágva

Az öntet hozzávalói

6 evőkanál. olivaolaj

Tengeri só, ízlés szerint

3 evőkanál. fehér borecet

1 C. Majonéz tojás nélkül

Pácold be a zöldséget a vinaigrette vagy pác hozzávalóival 15-30 percig.

4 percig grillezzük közepes lángon, vagy amíg a zöldség megpuhul.

Grillezett padlizsán balzsammázzal

Hozzávalók

2 nagy padlizsán, hosszában vágva és félbevágva

Az öntet hozzávalói

6 evőkanál. extra szűz olívaolaj

Tengeri só, ízlés szerint

3 evőkanál. Balzsamecet

1 C. Dijoni mustár

Pácold be a zöldséget a vinaigrette vagy pác hozzávalóival 15-30 percig.

4 percig grillezzük közepes lángon, vagy amíg a zöldség megpuhul.

Roston sült római saláta és paradicsom

Hozzávalók

10 db brokkoli rózsa

10 db kelbimbó

10 db spárga

1 csokor római saláta levél

2 közepes sárgarépa, hosszában vágva és félbevágva

4 nagy paradicsom vastagon felszeletelve

Az öntet hozzávalói:

6 evőkanál. extra szűz olívaolaj

1 C. hagymapor

Tengeri só, ízlés szerint

3 evőkanál. desztillált fehér ecet

1 C. Dijoni mustár

Az öntet összes hozzávalóját jól összekeverjük.

Melegítse elő a grillt alacsony lángra, és zsírozza ki a rácsokat.

A zöldségeket grillre helyezzük mindkét oldalukon 12 percig, amíg megpuhulnak, egyszer megfordítva.

Kenjük meg a pác/öntet hozzávalókkal

www.ingramcontent.com/pod-product-compliance
Lightning Source LLC
Chambersburg PA
CBHW070424120526
44590CB00014B/1530